企业人力资源法律风险关键环节精解

不懂劳动法律法规，就做不好HR

钟永棣◎著

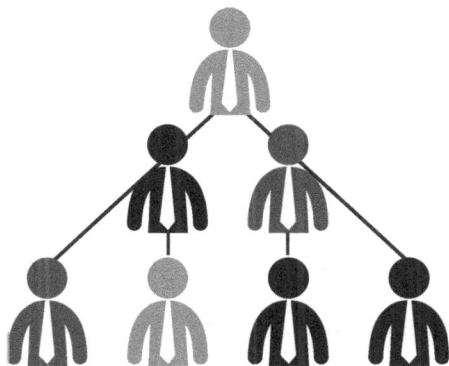

人民邮电出版社

北 京

图书在版编目（CIP）数据

企业人力资源法律风险关键环节精解 / 钟永棣著
. -- 北京：人民邮电出版社，2018.8（2022.4重印）
ISBN 978-7-115-48950-0

Ⅰ．①企… Ⅱ．①钟… Ⅲ．①企业管理－人力资源管
理－劳动法－研究－中国 Ⅳ．①D922.504

中国版本图书馆CIP数据核字(2018)第156900号

内 容 提 要

　　本书由具备劳动争议处理的丰富经验与劳动关系管理咨询背景的劳动法实战专家钟永棣先生结合近二十年的工作经验所作，全书按照人力资源管理的基本模块，涵盖了违纪违规员工处理、绩效管理与岗位调整、工资福利与薪酬调整、工作时间与休息休假、经济补偿与赔偿金、规章制度与员工手册、工伤保险与工伤事故、劳务派遣与业务外包等方面，能够有效指导企业的人力资源管理工作，能够协助企业预防、化解及避免相关法律风险。

◆ 著　　　　钟永棣

　　责任编辑　赵　娟

　　责任印制　彭志环

◆ 人民邮电出版社出版发行　　北京市丰台区成寿寺路 11 号
　　邮编　100164　电子邮件　315@ptpress.com.cn
　　网址　http://www.ptpress.com.cn
　　北京虎彩文化传播有限公司印刷

◆ 开本：700×1000　1/16
　　印张：16　　　　　　　2018 年 8 月第 1 版
　　字数：192 千字　　　　2022 年 4 月北京第 16 次印刷

定价：49.00 元
读者服务热线：(010)81055493　印装质量热线：(010)81055316
反盗版热线：(010)81055315
广告经营许可证：京东市监广登字 20170147 号

序　言

　　一次，我在广州讲公开课，中午和学员在一起吃饭。坐在我旁边的是一家企业（本书"企业"等同于"用人单位"，"员工"等同于"劳动者"）的老板，他带了几个 HR(Human Resource，人力资源) 管理者过来听课，他对我说："钟老师，你讲的课不错，有很多实用的方法。但是，我的企业有个'绝招'更厉害，可以解雇一切想解雇的员工。"

　　我听了，便向这个老板请教是什么"绝招"，他得意地说："对于新来的员工，我们都会让他在面试或者报到那天填一张表格，这张表格就是个人原因离职申请表。"

　　我觉得有点不可思议，在面试或者报到那天填个人原因离职申请表？一般企业的常规做法是让应聘者填写求职申请表、入职登记表、个人信息登记表、个人履历登记表等。他接着说："应聘者需要亲自写上这句话'个人原因要离职，请批准，越快越好'；而且，还要亲自签上名字，但是落款不能写日期。"

　　这个老板这么做的目的和动机是什么？他还未说完，我就知道了，将来企业看员工不顺眼，想解雇员工，企业在落款的地方写上日期就可以直接让员工辞职了，而不用赔钱；目的就是规避解除劳动合同的补偿或赔偿风险。

假设三年后这个老板要解雇某个员工，于是在其个人原因离职申请表上写上日期，接着把员工赶走。员工随后申请劳动仲裁，实事求是地向仲裁员陈述客观事实，但是企业肯定不会承认，企业肯定会主张是员工在离职那天亲自填写了该申请表，企业批准后便离职了。

思考一下：在双方说法完全不一致的情况下，仲裁员（含诉讼阶段的法官，下同）会听谁的？司法实践中，谁的都不听，看证据。企业将这份证据交上去，仲裁员在不清楚案情的情况下，确实有可能采信这份证据，采信企业的主张。

这个老板分享完这个"绝招"后，本来很兴奋、很得意，突然脸色一沉，说："钟老师，我实在想不通，在使用这个'绝招'之前，我们企业每年出现的劳动争议案件大概有七八宗。可是用了这个'绝招'后，情况就更糟了，基本上每个月发生两三宗劳动争议案件。"他问我，究竟是怎么回事？为什么用了这个"绝招"后，反而上告的员工翻了几番？

劳动者去找工作，结果企业要求他们填写这种表格，他们原则上并不愿意，会打心底瞧不起这样的企业、这样的老板。所以，有能力、有信心的劳动者不会填写这种表格，也不会追随这样的老板。这个做法已经把卓越、优秀与良好的劳动者拒之门外了！

这件事告诉我们，预防法律风险是很有必要的。一些企业不规范的做法从打官司的角度看，的确有机会被仲裁员采信，的确有机会帮助用人单位规避法律风险；但是，从价值观、经营理念与企业文化层面来看，绝对是错误的，是不可取的！

这就是用人单位防范法律风险的"道与术"！道，指的是方向、价值观、职业操守、经营理念与企业文化；术，指的是做事情的方法、手段、策略与工具。上面所说的"绝招"，在术的层面也许是可行的，但在道的层面是有问题的！

　　在这本书中，我主要分享的是与术有关的要点，也就是如何预防风险、如何化解风险以及如何应对风险。在道的方面，介绍得不多，因为道与企业老板、高层的价值观有关，而每个人的思维和价值观是不一样的。所以，原则上我会分享很多正面的做法，但不排除偶尔会提到某些企业的不良做法，我的目的是希望大家不要参考和实施这些不良做法。

　　另外，在这里与各位读者探讨几个问题：**人力资源法律风险产生的原因有哪些？哪些风险是可以规避或减少的？怎样做才能规避或减少法律风险？**

　　很多企业管理者经常思考这样的问题：我们单位计划推出的改革方案有没有法律风险，我们单位准备对某个员工做出的解雇决定有没有法律风险，我们单位准备颁布的规章制度有没有法律风险……但是很少有管理者思考法律风险产生的原因。

　　从我多年的实践来看，我认为其原因如下。

　　原因一，当事人实施了违反法定义务（违反法律的强制性或禁止性规定）的行为，存在法律风险，原则上需要承担法律责任，如当事人抢劫、盗窃、用人单位不与员工签订劳动合同、用人单位不让员工休产假、用人单位不给员工上社保、用人单位收取员工的押金或扣押员工的证件等。出现"必须""应当""不得""禁止"字眼的法条，原则上都属于强制性或禁止性规定，我们只能老老实实地执行，其法律风险是无法规避或难以规避的；执行程度越高，风险就越低，否则相反。经常有人问我，企业没有全员参保，仅给一定比例的员工买了社保，这样有风险吗？或者问，员工必须做满一年才能上社保，这样做有风险吗？相信这个问题很多人懂得怎么回答。可以说，问这种问题的 HR 管理者是不合格的！

　　原因二，当事人实施了违反约定义务的行为（没有履行合同约定的义务），存在法律风险，原则上需要承担违约责任，如劳动合同约定用人单位每年给员工涨 5% 的工资，但后面用人单位拒绝涨工资；如劳动合同约定每年支付 13 个月的工资，但后面拒绝支付第 13 个月的工资。众所周知，法律并未规定每年必须涨工资，也未规定每年必须发 13 个月的薪酬，这种约定无疑增设了用人单位额外的义务和不必要的风险，属于人为主观因素引起的法律风险。显然，这种风险是可以避免或者减少的。用人单位不承诺法律规定以外的东西就不存在这些风险，即使承诺也应附带相关的条件，所以建议广大读者梳理一下内部的制度、合同文书，看看有没有无条件承诺了法律规定以外的东西给员工。

原因三，当事人无证据证明自己拥有某种权利，也存在法律风险。例如，小张向小王借钱 1 万元，口头承诺半年内还钱；刚好小王身上有现金，便把 1 万元借给了小张；碍于情面，小王没有让小张出具借条。半年后，小王要求小张还钱，小张否认借钱一事。后小王起诉小张。如果小张否认借钱一事，且小王没有证据证明借了钱给小张，那么小王的胜诉概率非常低，原则上无法胜诉。钱，借出去，却要不回来，就是风险！

再如，按照法律规定，用人单位有权无条件解雇严重违纪违规的员工；但是，如果员工否认实施过严重违纪违规行为，单位也无法举证证明其实施过严重违纪违规行为，那么解雇引起的法律风险非常大，原则上构成违法解雇。这种风险，基本上属于人为主观因素引起的，是可以避免或者减少的。

因此，对于人力资源法律问题，HR 从业者应先判断，这是强制性或禁止性规定带来的法律风险，还是人为主观因素带来的法律风险；继而判断，这个问题能否化解，如何化解或应对；最终判断，遇到这个问题日后怎样做，才能防范在先！

【2016 年绍兴市关联判例】

法院认为：上诉人主张其安排的带薪旅游休假时间应作为年休假假期，本院认为，上诉人安排的带薪旅游系其为职工安排的福利，并非法定的带薪年休假，上诉人要求作为带薪年休假法律依据不足。

【2014年四川省关联判例】

法院认为：关于产假期间的工资差额部分的问题，根据《妇女权益保障法》第二十七条"任何单位不得因结婚、怀孕、产假、哺乳等情形，降低女职工的工资"的规定，医院应当支付夏某某产假期间的工资差额部分22925.59元，故医院有关"不应当向夏某某支付任何费用"的申请再审理由不能成立……即使医院申请再审时向本院提交的夏某某于2013年3月8日书写的收条"今收到产假补助费人民币1.12万元"内容属实，但据收条文字表述，该1.12万元只是对产假的补助，而不是对工资的补助，并且是医院自愿支付，则应认定是医院向夏某某发放的福利。

站在法律的角度，我们建议，用人单位应先履行完法律上的义务，按法律规定该做的尽量做足；之后，用人单位有预算且希望进一步激励员工，再设定其他额外的附带享受条件的福利待遇。

我送给大家一个条款，如果大家觉得有必要，可以把它放进规章制度或合同协议中："对非法定的福利待遇，企业保留随时撤回、撤销、变更或调整的权利，而无须征得员工的同意。"

前　言

　　时间飞逝！我 2000 年大学毕业至今，一直坚守在劳动法这个领域，从事劳动法咨询、培训及劳动争议处理等相关工作。2008 年《劳动合同法》出台后，我一直有个想法，争取有一天把我在劳动法方面的肤浅见解以书籍的形式分享给社会各界的朋友。但是，工作繁忙，一忙就是十年，很难安排时间写书；过去十年，每年授课约 120 天，每年担任劳动法律顾问的企事业单位不少于 30 家，有时候还需要为客户审查制度协议文书及处理劳动争议案件。

　　近几年，基本上每次讲课都有学员问我有无出过书，在哪里可以买到我的书。广大学员的认可与支持，让我下定了决心，再忙也得出书！但是，劳动法的内容非常多，如果系统、全面地撰写，不知何年何月才能完成初稿，而且系统、全面的劳动法书籍，市面上多如牛毛，多我一本不多，少我一本不少！最终，我决定，将我近几年在北京、上海、广州、深圳经常讲到的部分公开课的内容整理成书。可以说，近几年常讲的公开课内容是广大用人单位与 HR 从业者非常关注的热点、难点与疑点问题！

　　如上所说，此书不系统、不全面，案例大多仅列出了针对该问题法院的论述观点或判决结果，此书不会提及非常基础性与常识类的知识点；此书旨在分享实务操作要点，旨在提升 HR 从业者的实战水平，旨在让广大读者、学员即学即用！

我想，此书比较适合具有一定劳动法常识或管理经验的 HR 从业者、中高层管理者及法律工作者阅读与参考。

诚然，劳动法博大精深，纷繁复杂，且存在不少有争议的环节，加上我的水平有限，书中可能存在疏漏或不足的地方，恳请各位朋友多多批评与指正！

钟永棣

2018 年 4 月，于广州

目　录

三、试用期

四、绩效管理与岗位调整　043

五、工资福利与薪酬调整　063

十二、其他重大疑难问题　221

一、招聘入职

一些招聘广告存在或多或少的法律风险

关联法条

《中华人民共和国就业促进法》（以下简称《就业促进法》）

第三条　劳动者就业，不因民族、种族、性别、宗教信仰等不同而受歧视。

第二十七条　用人单位招用人员，除国家规定的不适合妇女的工种或者岗位外，不得以性别为由拒绝录用妇女或者提高对妇女的录用标准。

第二十九条　用人单位招用人员，不得歧视残疾人。

第三十一条　农村劳动者进城就业享有与城镇劳动者平等的劳动权利，不得对农村劳动者进城就业设置歧视性限制。

《就业服务与就业管理规定》

第十一条　招用人员简章应当包括用人单位基本情况、招用人数、工作内容、招录条件、劳动报酬、福利待遇、社会保险等内容，以及法律、法规规定的其他内容。

第十四条　用人单位招用人员不得有下列行为：（一）提供虚假招聘信息，发布虚假招聘广告。

第六十二条　违反本法规定，实施就业歧视的，劳动者可以向人民法院提起诉讼。

第六十七条　用人单位违反第十四条第一、五、六项规定的，由劳动保障行政部门责令改正，并可处以一千元以下的罚款；对当事人造成损害的，应当承担赔偿责任。

> **《中华人民共和国劳动合同法》(以下简称《劳动合同法》)**
>
> 　　第二十六条　下列劳动合同无效或者部分无效：（一）以欺诈、胁迫的手段或者乘人之危，使对方在违背真实意思的情况下订立或者变更劳动合同的。
>
> 　　第三十八条　用人单位有下列情形之一的，劳动者可以解除劳动合同：（五）因本法第二十六条第一款规定的情形致使劳动合同无效的。

1. 发布虚假招聘信息

个别企业在发布招聘信息时，发布很多需要招人的岗位，通常达到一二十个；但事实上真实需要招人的岗位也就三五个。其这样做，为了通过收集应聘者的简历信息，了解同行竞争对手的薪酬水平，以供企业高层判断，是否需要对某些岗位加薪或者降薪。如果这个不良目的被广大劳动者知道会产生很大的负面影响，在互联网时代，丑事瞬间传千里。

另外，依照《就业服务与就业管理规定》等有关规定，劳动部门还可以对企业进行查处。

2. 招聘信息存在虚假承诺

企业需要招人的岗位是真实客观的，但是很多招聘广告中含有虚假的信息或承诺。如招聘广告载明年薪 30 万元，其实只有 20 万元；或者 30 万元年薪附带很多条件，以前在这个岗位上工作过的劳动者，基本上没能拿到 30 万元年薪的。再如承诺入职工作一年左右将被送到国外学习培训，但是劳动者已经工作几年了，也没有参加过任何出国学习培训。虚假的信息或承诺，同样严重影响企业的形象和声誉。

另外，以上行为还会引发法律上的风险——企业构成欺诈招聘。说到欺诈，很多人会想到是劳动者欺诈用人单位，但是这里说的是企业欺诈劳动者，企业的虚假信息或承诺欺骗了劳动者，把他骗去上班。理论上，劳动者有权依据《劳动合同法》第三十八条第五项规定，主张被迫解除劳动合同。

3. 就业歧视

现实中，绝大部分招聘信息，提到了年龄和性别等要求，如 30 岁以内的男司机 1 名、办公室女文员 1 名；地域方面有时候也会提到，如工厂为了避免员工拉帮结派，往往规定来自相同省份的劳动者只能招一定的人数，满员了就不再招用。根据有关规定及结合司法实践，就业歧视的范围包括民族、种族、性别、宗教信仰、年龄、外貌、血型、属相、星座、户口、地域等。

依照《就业促进法》第六十二条规定，劳动者可以起诉用人单位就业歧视。因此，用人单位在招聘环节，应注意是否实施了就业歧视的行为。

有些法律人士建议，如果非要写上带有就业歧视的字眼，最好加上"优先"两个字，如"男性优先""30 岁以内优先"。看上去，这种表述感觉好一点儿，但是这种表述并不代表绝对合法、绝对无风险。

【2016 年广州市关联判例】

法院查明：梁某提交录音及录像资料，拟证明其前往 M 酒楼与前台工作人员的沟通情况。录像中显示地点为 M 酒楼；人物为梁某与该酒楼前台人员；录像中的对话内容显示，该酒楼前台人员多次陈述"厨房学徒不招女的""厨房里没有女工，都是男的""公司规定厨房不招女工，即便具备厨师证也不行""不招女工，填了（表）也是没用""不是说有没有实力的问题，这是管理的问题，说不招女工就不招"等。M 酒楼确认录像中的地点是其地址，但认为该前台人员不代表人事部门的意见。

法院认为：关于 M 酒楼应否承担相应的民事责任问题。就业平等权指劳动者不论民族、种族、性别、宗教信仰等，依法享有平等就业、自主择业而不受歧视的权利。就业平等权不仅属于劳动者的劳动权利范畴，也属劳动者作为自然人的人格权范畴。在招聘过程中 M 酒楼仅因应聘者性别而产生的区别、限制以及排斥的行为，损害了梁某的就业平等权，给梁某造成了一定的精神损害。M 酒楼应该认识到自身行为的不当，故本院根据上述法律规定依法判令 M 酒楼向梁某作出书面赔礼道歉并赔偿相应的精神损害抚慰金。

【2014 年杭州市关联判例】

法院查明：原告就其主张提交了下列证据：……5. 原告与被告工作人员 6 月通话记录 1 份（打印件），证明原告打电话向被告电话沟通应聘情况；6. 通话录音文字版 1 份（打印件）；7. 录音录像光盘 1 份；证据 6、7 证明被告以原告系女性为由，不予考虑原告的应聘申请。

法院认为：根据我国相关法律规定，劳动者享有平等就业的权利，劳动者就业不因性别等情况不同而受歧视，国家保障妇女享有与男子平等的劳动权利，用人单位招用人员，除国家规定的不适合妇女的工种或者岗位外，不得以性别为由拒绝录用妇女或者提高对妇女的录用条件。本案中被告需招聘的岗位为文案策划，被告并未举证证明该岗位属于法律、法规规定的女职工禁止从事的工作，根据其发布的招聘要求，女性完全可以胜任该岗位的工作，其所辩称的需招录男性的理由与法律不符。在此情况下，被告不对原告是否符合其招聘条件进行审查，而直接以原告为女性、其需招录男性为由拒绝原告应聘，其行为侵犯了原告平等就业的权利，对原告实施了就业歧视，给原告造成了一定的精神损害，故原告要求被告赔偿精神损害抚慰金的理由充分。

达到法定退休年龄的人与企业可能存在劳动关系

关联法条

《最高法院关于审理劳动争议案件适用法律若干问题的解释（三）》

第七条　用人单位与其招用的已经依法享受养老保险待遇或领取退休金的人员发生用工争议，向人民法院提起诉讼的，人民法院应当按劳务关系处理。

1. 双方签订了劳动合同

参照与在校生签订劳动合同的观点，与达到法定退休年龄的人员（下称"老人"）签订劳动合同肯定存在法律风险，所以不应与达到法定退休年龄的人签订劳动合同，即使老人已经享受退休金或养老保险待遇。

2. 招用有退休金或养老保险待遇的老人

根据最高人民法院的司法解释，双方不存在劳动关系，签订劳动合同除外。用人单位可以与这类老人签订劳务协议或返聘协议。协议应约定：双方不存在劳动关系；双方权利义务适用《民法》《合同法》；乙方的劳务费为××元/月；本协议的解除，甲方无须支付乙方经济补偿。

3. 招用无退休金或养老保险待遇的老人

司法实践中，此类老人与用人单位是否存在劳动关系，存在较大的争议。

站在法律风险预防的角度，我们依然建议用人单位与他们签订劳务协议或返聘协议，但协议应该具备劳动合同的必备条款，而具体内容应避开与劳动关系相关特征的有关字眼。此举目的是争取仲裁机构或法院认定不存在劳动关系；即使认定存在劳动关系，但协议具备劳动合同的必备条款，该协议也可能被视为劳动合同，从而降低用人单位未签订劳动合同两倍工资差额的风险。

4. 老人因工受伤

老人因工受伤，从工伤角度处理还是从人身损害角度处理，焦点在于老人与用人单位是否存在劳动关系，存在劳动关系则按工伤处理。

【2017 年浙江省高院关联判例】

法院认为：《中华人民共和国宪法》（简称宪法）第四十二条规定，公民有劳动的权利和义务。现行法律只对劳动者年龄的下限作出了规定，对劳动者年龄的上限没有规定，不能因劳动者超过法定退休年龄就否定劳动关系。《工伤保险条例》第六十一条第一款规定本条例所称职工，是指与用人单位存在劳动关系（包括事实劳动关系）的各种用工形式、各种用工期限的劳动者。劳动部《关于贯彻执行〈劳动法〉若干问题的意见》第二条规定中国境内的企业、个体经济组织与劳动者之间，只要形成劳动关系，即劳动者事实上已成为企业、个体经济组织的成员，并为其提供有偿劳动，适用劳动法超过退休年龄的人员与用人单位之间签订的聘用合同，实质上就是用人单位与劳动者之间订立的劳动合同，不能因其名称不同就排除在劳动法及相关法规、规章的规定之外。故原审第三人杨某与上诉人之间的聘用关系应当认定为劳动关系。其在受聘期间因工伤应适用《工伤保险条例》。

【2016年河北省高院关联判例】

法院认为：《最高人民法院关于审理劳动争议案件适用法律若干问题的解释（三）》第七条规定："用人单位与其招用的已经依法享受养老保险待遇或领取退休金的人员发生用工争议，向人民法院提起诉讼的，人民法院应当按劳务关系处理。"宋某于2012年5月30日达到法定退休年龄，但L派遣中心在宋某被派遣期间，未给其办理基本养老保险及医疗保险。因此，宋某在达到法定退休年龄后与L派遣中心之间的用工关系仍为劳动关系。

【2015年山东省高院关联判例】

法院认为：……相关法律、法规并未禁止农业人员60周岁后，不能与用人单位建立劳动关系。徐某为H公司看门数年，接受H公司的管理，H公司支付徐某劳动报酬，原审据此认定双方形成劳动关系正确，本院予以维持。

【2016年北京市高院关联判例】

法院认为：《劳动合同法实施条例》规定："劳动者达到法定退休年龄的，劳动合同终止。"一、二审法院认定刘某与B公司之间不属劳动关系，而是劳务关系，刘某的诉讼请求不属于人民法院审理劳动争议案件的受案范围正确。一、二审法院根据查明的事实所做的裁定并无不当。

招用待岗、内退、停薪留职人员的法律风险防控

关联法条

《最高法院关于审理劳动争议案件适用法律若干问题的解释（三）》

第八条　企业停薪留职人员、未达到法定退休年龄的内退人员、下岗待岗人员以及企业经营性停产放长假人员，因与新的用人单位发生用工争议，依法向人民法院提起诉讼的，人民法院应当按劳动关系处理。

上述法条已经明确此类人员与新的用人单位存在劳动关系，因此用人单位必须与他们签订劳动合同，给他们缴纳社会保险。用人单位与他们签订合作协议、劳务协议，原则上无效，而且极可能要承担未签订劳动合同的两倍工资差额责任。另外，原用人单位原则上会继续为他们参保，所以新用人单位无法参保或无必要参保；新用人单位在无参保的情况下，必须为他们购买商业保险，以化解工伤风险。

对于此类人员，我建议各位读者查阅一下地方是否存在特殊规定。如《江苏省劳动合同条例》第十四条规定："企业停产放长假人员、未达到法定退休年龄的离岗休养人员以及其他协商保留劳动关系的不在岗人员，同时与新的用人单位建立劳动关系从事全日制劳动的，应当将其与原用人单位保留劳动关系的情况告知新的用人单位。双方应当订立书面劳动合同，但可以对订立无固定期限劳动合同、支付经济补偿作出例外约定。"

应届实习生与你的企业可能存在劳动关系

1. 与在校生签订劳动合同

大部分 HR 从业者认为在校生不属于法律上的劳动者，即使签订了劳动合同，也不存在劳动关系，因为劳动合同无效。其实，在《中华人民共和国劳动法》(以下简称《劳动法》)领域有一个不是很对等的观点：客观上存在事实劳动关系特征的双方，不管签订什么合同协议，都规避不了劳动关系的存在；客观上可以不建立劳动关系的双方，签订了劳动合同，则推定双方自愿建立劳动关系，推定用人单位自愿承担《劳动法》中的全部责任。过往十年，已经出现过不少判例，用人单位与在校生签订劳动合同被认定劳动关系成立。因此，我们建议，用人单位不应与在校生签订劳动合同。

【2009 年南京市关联判例】

法院认为：实习是以学习为目的，到相关单位参加社会实践，没有工资，不存在实习生与单位签订劳动合同、明确岗位、报酬、福利待遇等情形。本案中，被上诉人郭某虽于 2008 年 7 月毕业，但其在 2007 年 10 月 26 日明确向上诉人 Y 公司表达了求职就业愿望，并进行了求职登记，求职人员登记表中登记其为 2008 届毕业生，2007 年是其实习年。2007 年 10 月 30 日郭某与 Y 公司自愿签订了劳动合同。Y 公司对郭某的情况完全知情，双方在此基础上就应聘、录用达成一致意见，签订了劳动合同，而且明确了岗位、报酬。该情形不应视为实习。郭某与 Y 公司签订劳动合同时已年满 19 周岁，符合《劳动法》规定的就业年龄，具备与用工单位建立劳动关系的行为能力和责任能力。《关于贯彻执行

〈劳动法〉若干问题的意见》（简称《意见》）第十二条不能推定出在校生不具备劳动关系的主体资格。故上诉人的上述理由不能成立。

（注:《意见》第十二条内容为"在校生利用业余时间勤工助学，不视为就业，未建立劳动关系，可以不签订劳动合同"；另外，此判决书被最高人民法院作为指导性案例，发布于 2010 年 6 月 10 日最高人民法院公报〔2010〕第 6 期。）

【2009 年北京市关联判例】
法院认为： 对于双方是否存在劳动关系的问题。小刘在进入 H 公司工作时已年满 16 周岁，符合《劳动法》规定的就业年龄，其在校大学生的身份也非《劳动法》规定排除适用的对象，法律并没有禁止临近毕业的大学生就业的规定。被告明知小刘尚未正式毕业，小刘并未隐瞒和欺诈，因此，法院有理由确认小刘为适格的劳动合同主体。H 公司虽称小刘在该单位属于实习，但鉴于该公司向小刘明确了单位的具体岗位和职责，并向其发放了一个月的工资，以上事实充分表明，小刘在该公司并非实习，应属于就业，属于《劳动合同法》管辖的范围，因此法院认定双方存在事实劳动关系。

（注：此判例摘录于中国法院网的新闻报道。）

2. 与在校实习生没有签订任何合同协议

看完前面的观点后，读者可能认为：只要不与在校生签订劳动合同，应该就没有风险了；签不签实习协议无所谓！未必！在任何合同、协议都没有签订的情况下，有些法院照样会认定双方存在事实劳动关系。所以，从预防风险的角度出发，用人单位应该主动与在校生签订实习协议。另外，签订三方实习协议是最为稳妥的。

【2013 年广州市关联判例】

法院认为：关于苏某某与 Z 物业广州分公司之间是否建立劳动关系的问题。首先，苏某某入职 Z 物业广州分公司时已年满 17 周岁，符合《劳动法》规定的就业年龄，具备与用人单位建立劳动关系的行为能力和责任能力。法律并无明文规定在校生不具备劳动关系的主体资格，故苏某某与 Z 物业广州分公司均具备法律、法规规定的主体资格。其次，苏某某入职时，填写职位申请表，表达了其求职就业的愿望。公司录用苏某某，并明确其岗位、劳动报酬。之后，苏某某向公司正常提供劳动，从事公司安排的工作，公司对其进行管理，并按月支付劳动报酬。该情形不符合《关于贯彻执行〈劳动法〉若干问题的意见》第十二条的规定，第十二条规定针对的是学生仍以在校学习为主，不以就业为目的，利用业余时间在单位进行社会实践、勤工助学的情形。故本院认定苏某某与 Z 物业广州分公司之间符合劳动关系的本质特征。最后，Z 物业广州分公司主张与苏某某之间已签订实习协议，被苏某某离职时带走，但公司并无确切证据予以证实，故本院对此不予采信。

综上，Z 物业广州分公司以与苏某某未建立劳动关系为由，主张可以不签订劳动合同，缺乏事实和法律依据，本院不予支持。

3. 三方就业协议

三方是指用人单位、学校和学生。三方就业协议主要约定在校生毕业后必须到该用人单位报到上班，用人单位必须招录该学生。三方就业协议通常约定违约金，在校生毕业后不到用人单位处报到上班的应支付违约金，用人单位不录用他的应支付违约金。现实中，两者相比，劳动者违约的情形要多一些；但是用人单位要求劳动者支付违约金的成本比较高，未必能追讨成功。所以，是否有必要约定违约金，用人单位应三思。

曾经不少用人单位反映，在校生毕业后到他们那里报到上班，但是体检有问题，不符合岗位关于身体方面的要求。如某些岗位不能使用色盲者，该劳动者色盲，用人单位录用，似乎没有意义；拒绝录用，极有可能构成违约，因为三方就业协议并没有这方面的特殊约定。我们建议，三方就业协议（或补充协议）应该对录用的条件进行具体约定。

如何有效预防少数劳动者的应聘欺诈

《劳动合同法》

第二十六条　下列劳动合同无效或者部分无效：

（一）以欺诈、胁迫的手段或者乘人之危，使对方在违背真实意愿的情况下订立或者变更劳动合同的。

第三十九条　劳动者有下列情形之一的，用人单位可以解除劳动合同：

（二）严重违反用人单位规章制度的；

（五）因本法第二十六条第一款第一项规定的情形致使劳动合同无效的。

1. 法律依据与制度依据

大部分法律人士认为，从制度依据的角度看，只要内部制度规定"劳动者在任何情况下实施虚假或欺诈行为，均构成严重违反公司规章制度"，那么用人单位就可以无条件地解雇此类员工。其实，这种理解是片面的。应聘期间劳动者提交虚假的资料或信息，入职后被单位发现，单位解除劳动合同的依据不应当适用"严重违反公司规章制度"，因为面试期间劳动者与用人单位尚未建立劳动关系，此时劳动者无义务遵守用人单位的规章制度；此时应适用《劳动合同法》第三十九条第五项及第二十六条第一款第一项的规定，即劳动者提供虚假资料或信息，误导用人单位，用人单位错误地将其招用及签订劳动合同，劳动合同无效，用人单位有权依法解除劳动合同。而入职后劳动者实施虚假或欺诈行为的，适用"严重违反公司规章制度"是正确的。

2. 事实依据

劳动者否认违纪违规行为的，用人单位需举证证明劳动者存在违纪违规行为。现实中，绝大部分 HR 从业者在收取劳动者的证书、证件复印件时，没有让劳动者在复印件上签名及写日期；他们均被自己的潜意识误导，认为证书、证件的复印件上有劳动者的名字，就是劳动者提交的。这个观点是极其错误的！如果劳动者没有签名且日后否认提交过该复印件，用人单位将很难举证证明该复印件是由劳动者提交的。这样的案件我们处理过不少，基本上是用人单位因无法证明手上的复印件由劳动者提交而承担败诉的后果。

切记，**在收取劳动者的证书、证件复印件时，HR 从业者除了核对原件外，还必须让劳动者在复印件上签名及写日期。**

3. 因果关联性

在制度依据与事实依据都成立的情况下，是否可以解雇此类虚假或欺诈的劳动者？未必！

《中华人民共和国民法通则》（简称《民法》）告诉我们，一方提供虚假信息或隐瞒事实真相，足以误导对方，足以让对方做出错误决定，才属于法律上的欺诈。因此，比较严谨的法官在审案时，会要求用人单位举证证明或自圆其说其录用劳动者是被劳动者的虚假行为误导，否则劳动者不构成法律欺诈。

我们建议，对于中高层或核心岗位的应聘者，在面试环节，应让其签名确认该岗位的岗位说明书或招聘条件。同时，求职申请表或入职登记表应让劳动者签名确认这个条款："本人确认，本人所填的信息、所交的资料，跟单位是否招用本人具有必然的因果关联性。"此条款在于减轻用人单位关于"因果关联性"的举证责任。

【2016年杭州市关联判例】

法院认为：H公司与黄某签订的《劳动合同书》系双方真实意愿表示、未违反法律、法规强制性规定，双方应当按约履行。该劳动合同中约定黄某的年薪总额为税前35万元，包括基本年薪25万元和年度绩效考核奖金10万元。后H公司以个人健康情况为由调整黄某岗位并降低月薪为1万元，但诉讼中H公司认为公司调整黄某岗位的原因是黄某应聘时隐瞒专业。本院认为，首先，H公司并无证据证明在聘用黄某时对其应聘岗位设置了专业要求。其次，黄某入职时提供的毕业证书显示其所学专业为生物学，并不存在隐瞒，H公司在黄某入职时未提出异议，也未以此为由调整黄某的岗位。最后，二审中H公司明确表示，黄某系公司高薪聘请，并非通过招聘方式入职，因此不可能存在H公司所称的黄某应聘时隐瞒专业的情况。故，H公司以黄某入职时隐瞒专业为由调整黄某的岗位并降低其月薪无事实依据，H公司应当向黄某补发相应的工资差额。

【2013年四川省关联判例】

法院查明：……吴某所提交的职业高中毕业证书载明内容与四川省教育厅职业教育与成人教育处向我院出具书面函件载明内容不一致。

法院认为：依据《劳动合同法》第八条规定，J公司作为用人单位，对劳动者的个人简历、学历、工作经历等应当进行核查。吴某在应聘时，应当向用人单位提供有关个人信息的真实资料。吴某在J公司工作期间，J公司未与吴某签订劳动合同，且未能提供证据证明吴某应聘时该公司对应聘者有学历等相关条件的要求。即使吴某所提交的职业高中毕业证书存在不真实的情况，其行为亦不属法律意义上的欺诈行为。

入职登记表应载明的要点

1. 预防欺诈应聘

大部分用人单位会在求职申请表或入职登记表上写上这个承诺性条款："本人 ××× 承诺，上述所填各项信息均真实、合法、有效，否则公司有权无条件解除劳动关系，且不支付任何经济补偿。"

2. 累计工龄问题

用人单位往往要求劳动者填写过往三五个用人单位的工作经历。过往的工作年限与劳动者的年休假天数有关，也与个人患病或非因工负伤的医疗期有关（上海除外）。劳动者过往的工作年限是否真实，原则上由劳动者举证证明；当然，如果用人单位在登记表上写上"就过往的工作经历本人需提供相关资料予以证明，否则公司有权以本单位工龄作为累计工龄"，那将更加完美。

3. 送达地址

原则上用人单位会让劳动者填写户口所在地地址及现居住地地址，我们建议增加"可收信地址"，或者让劳动者确认户口所在地地址与居住地地址为"可收信地址"。另外，登记表上应载明："本人承诺，单位的文书、通知以特快专递的方式送达到上述地址的，即视为有效送达给本人，而不论本人是否签收或居住在该地址处；特快专递被退回的，退回之日视为有效送达给本人之日。"

【2013 年广州市关联判例】

法院认为：关于解除劳动合同的时间及相关劳动报酬问题。根据 Z 公司提交的人员信息登记表，杨某明确承诺其登记的居住地址等个人信息如发生变化，将一周内通知人力资源部门，否则自愿承担由此产生的一切后果。Z公司按照人员信息登记表中杨某登记的居住地地址，向其邮寄解除劳动合同通知书，应视为有效送达。因此，Z公司主张双方劳动合同于2012年1月1日解除，本院予以采纳。

【2014年北京市关联判例】

法院认为：M公司在双方劳动合同届满前后，多次向顾某入职时提供的通信地址邮寄离岗体检通知书、终止劳动合同告知书，告知顾某劳动合同到期不再续签及要求顾某进行离岗前体检检查，已履行用人单位的相关义务。顾某未将居住地地址变更的情况及时告知M公司相关部门备案，致使其未能收到上述重要文件，责任在于顾某本人。

4. 向劳动者提问

登记表除了让劳动者填写必要的信息外，还可以设定某些问题，让其回答，或者给出几个答案让其选择，如身体健康状况、是否与原单位签订过竞业限制协议、是否与新单位的个别员工存在利害关系等。当然，这些问题不得涉嫌就业歧视及侵犯个人隐私；不少判例表明，劳动者并无义务回答在面试或入职时本人是否已经怀孕。

【2013年广州市关联判例】

法院认为：……从D公司提供的贺某入职时填写的员工履历表来看，亦无要求申报填写个人犯罪历史的相关栏目，故D公司以贺某在入职时故意隐瞒犯罪记录为由解除双方的劳动关系，依据不充分。

二、劳动合同订立

用人单位自行拟定的劳动合同是否有效

关联法条

《劳动合同法》

第十七条 劳动合同应当具备以下条款：

（一）用人单位的名称、住所和法定代表人或者主要负责人；

（二）劳动者的姓名、住址和居民身份证或者其他有效身份证件号码；

（三）劳动合同期限；

（四）工作内容和工作地点；

（五）工作时间和休息休假；

（六）劳动报酬；

（七）社会保险；

（八）劳动保护、劳动条件和职业危害防护；

（九）法律、法规规定应当纳入劳动合同的其他事项。

劳动合同除前款规定的必备条款外，用人单位与劳动者可以约定试用期、培训、保守秘密、补充保险和福利待遇等其他事项。

第二十六条 下列劳动合同无效或者部分无效：

（一）以欺诈、胁迫的手段或者乘人之危，使对方在违背真实意思的情况下订立或者变更劳动合同的；

（二）用人单位免除自己的法定责任、排除劳动者权利的；

（三）违反法律、行政法规强制性规定的。

对劳动合同的无效或者部分无效有争议的，由劳动争议仲裁机构或者人民法院确认。

多年来，偶尔听到一些企业的 HR 管理者说，当地劳动部门要求他们必须使用劳动部门的劳动合同版本，否则不予办理用工备案手续及相关社保手续。

其实，法律、法规并无规定必须使用劳动部门的版本，也无规定劳动部门有权要求用人单位必须使用他们的版本，他们的要求是无法律依据的。用人单位自行拟定的劳动合同文本只要具备《劳动合同法》第十七条的必备条款，具体的内容合理合法，双方真实自愿签订，此合同即合法有效。同理，法律、法规并无规定用人单位自行拟定的劳动合同必须呈送劳动部门审查、备案或鉴证才有效。个别劳动部门要求审查、备案或鉴证的行为本质上是一种行政干预、行政监督的做法，与劳动合同文本的合法性并无关联性。

用人单位需要注意的是，自行拟定的劳动合同文本是否属于法律上的劳动合同，不以该文本的名称作为判断标准，而是以其具体条款判断。如果该文本具备《劳动合同法》第十七条的必备条款，那么其即属于法律上的劳动合同，即使其名称是"用工协议"或"协议书"；相反，如果该文本不具备或不完全具备上述必备条款，那么劳动仲裁部门或法院极可能认定其不属于法律上的劳动合同，即使其名称是"劳动合同"。

【2017 年北京市关联判例】
法院认为：双方签订的劳务协议中未约定劳务内容、劳务报酬、工作地点等事项，缺乏劳动合同的实质性要件，不能视为劳动合同，故 D 公司应向张某支付 2013 年 12 月 29 日至 2014 年 5 月 27 日的未签劳动合同双倍工资差额。

什么时候为订立劳动合同的最佳时间

关联法条

《劳动合同法》

第十条　建立劳动关系，应当订立书面劳动合同。

已建立劳动关系，未同时订立书面劳动合同的，应当自用工之日起一个月内订立书面劳动合同。

第十九条　……试用期包含在劳动合同期限内。

根据《劳动合同法》第十条规定，用人单位应当自用工之日起一个月内与劳动者订立书面劳动合同。现实中，不少用人单位在劳动者入职后三周左右与其签订劳动合同，尤其是人员密集型行业。他们解释说，基层员工流动率很大，入职后两三周内会走掉一批，为了节省管理成本及提高效率，通常在新员工入职后三周左右才签订劳动合同。显然，这些管理者是站在管理角度看问题。假设新员工入职两周左右，部门经理认为其不适合，想解雇新员工，在劳动合同未签订的情况下，HR 管理者如何操作？以什么理由解雇新员工？通常情况下，HR 管理者将以新员工试用期间不合格、不符合录用条件为由。

劳动合同还未签订，是否存在试用期？根据《劳动合同法》第十九条的规定，试用期包含在劳动合同期内。而劳动合同必须是书面形式的，不存在口头劳动合同，所以劳动合同期限必须体现在书面的劳动合同中，即试用期也必须体现在书面的劳动合同中，否则试用期不成立或者无效。因此，HR 管理者以试用期间不符合录用条件解雇新员工将极可能被认定违法解除。

从预防法律风险的角度出发，在新员工入职当天，就应当签订书面劳动合同。总之，越早签订，风险越低；反之风险越大！

如何应对劳动者借故拒签劳动合同

《劳动合同法》

第八十二条　用人单位自用工之日起超过一个月不满一年未与劳动者订立书面劳动合同的，应当向劳动者每月支付二倍的工资。

《劳动合同法实施条例》

第五条　自用工之日起一个月内，经用人单位书面通知后，劳动者不与用人单位订立书面劳动合同的，用人单位应当书面通知劳动者终止劳动关系，无需向劳动者支付经济补偿，但是应当依法向劳动者支付其实际工作时间的劳动报酬。

第六条　用人单位自用工之日起超过一个月不满一年未与劳动者订立书面劳动合同的，应当依照《劳动合同法》第八十二条的规定向劳动者每月支付二倍的工资，并与劳动者补订书面劳动合同；劳动者不与用人单位订立书面劳动合同的，用人单位应当书面通知劳动者终止劳动关系，并依照劳动合同法第四十七条的规定支付经济补偿。

现实中，个别劳动者会单方拒绝签订劳动合同，将来可能主张未签订劳动合同的两倍工资差额。如果企业没有证据证明是劳动者的个人原因不签订劳动合同，那么企业将面临支付两倍工资差额的风险。企业该如何操作，以防范此风险？

第一，企业必须证明劳动合同的内容合理合法。如果合同内容违法或明显不合理，劳动者拒绝签订，那么该法律责任依然由企业承担。

第二，企业必须证明通知过劳动者签订合同，且给予其合理的时间（如3～5天）签订合同。如果劳动者在此期间没有提出异议，也没有签订合同并交还给企业，那么该法律责任将由劳动者承担。

第三，对于劳动合同文本和签订（催签）合同的通知书，企业可要求劳动者签收；拒绝签收的，可当面交付，让其他员工见证，同时全程录音（或同时录像）；也可以特快专递的方式邮寄给劳动者，并保留好由邮局开具的签收证明；如果前述方式都达不到送达的效果，企业可以在当地公开发行的报纸上刊登公告。

【2018年南昌市关联判例】

法院认为：用人单位与劳动者建立劳动关系，应当订立书面劳动合同。已建立劳动关系，未同时订立书面劳动合同的，应当自用工之日起一个月内订立书面劳动合同，否则应当向劳动者支付两倍工资差额。本案中，上诉人C公司与被上诉人周某于2017年4月5日起就建立了劳动关系，依法应当在一个月内签订书面劳动合同，但是双方并未签订书面劳动合同，一审法院根据被上诉人周某工作时间3.5个月及平均工资3000元等事实，确定上诉人C公司支付被上诉人周某10300元两倍工资差额，符合法律规定。上诉人C公司上诉称系周某恶意不签订书面劳动合同，但是并未提供充分证据证明，而且劳动者拒绝签订书面劳动合同的，上诉人C公司作为用人单位应当书面通知被上诉人周某签订，被上诉人周某拒绝签订的，上诉人C公司可以依法解除双方的劳动合同。在审理过程中，上诉人C公司既未提供证据证明其履行了通知被上诉人周某要求签订书面劳动合同的义务，也未依法解除双方之间的劳动关系，并持续用工3个多月，故本院对C公司的该上诉意见，不予采信。

是否应与属于职业经理人的法定代表人签订劳动合同

就此问题，存在以下两种理解。

一是该职业经理人作为法定代表人，其身份是股东会根据公司法通过法定程序及法定文书（如股东会决议、公司章程）确定的，其是法定的对外签订合同（含劳动合同）的唯一代表，因此其本人无须签订劳动合同，也不存在谁代表用人单位与其签订劳动合同。

二是即使该职业经理人作为法定代表人，但是其没有持有法律上的股份，不是股东，而是纯粹的（高级）打工者、劳动者，因此根据《劳动合同法》的规定，用人单位应该与其签订劳动合同。

非法定代表人的专职股东，是否需要签订劳动合同。通常情况下，大股东担任法定代表人且全面管理企业，其他小股东分管不同领域。对于天天上班的小股东，大股东有必要以用人单位的名义与其签订劳动合同吗？此问题存在一定的争议，我们建议签订劳动合同是最安全的做法。

【2015年广东省关联判例】

法院认为：二审法院综合本案证据及证人证言，认定刘某、何某、曾某、杨某四人共同合伙经营美发店，同时也提供劳动，刘某、何某、杨某均是发型师。

综上，何某为美发店提供了劳动，美发店支付了工资，双方形成了劳动关系，故一、二审法院判决美发店向何某支付尚欠工资及未签订书面劳动合同两倍工资及解除劳动关系的经济补偿金，于法相符，并无不当。

【2014年烟台市关联判例】

法院认为：被告（劳动者）于 2012 年 12 月到原告处从事售后维修服务工作，被告虽系原告股东，但并不影响被告与原告存在劳动关系的事实。

装订劳动合同时需注意的法律风险

经验不多的 HR 从业者在印制装订劳动合同时，基本上会用订书机装订一两颗订书钉，签订时让劳动者在最后一张落款处签名，甲方在最后一张落款处盖章，不会骑缝盖章、签名。如果不想骑缝盖章、签名，就要像印刷书籍一样，将劳动合同的左侧一边黏合起来；否则，任何一方都可以将订书钉拆开，将合同文本中的某一页更换掉。

【2013 年佛山市关联判例】

法院认为：关于 H 家具厂是否需向陈某某支付未签订书面劳动合同的两倍工资差额的问题。本案中，陈某某主张其 2011 年 11 月 7 日与 H 家具厂签订书面劳动合同，合同期限是从 2011 年 11 月 7 日至 2012 年 1 月 15 日。H 家具厂后来单方面将劳动合同书的第一、二页更换，其向法院提交的劳动合同书中载明的合同期限为 2011 年 9 月 18 日至 2012 年 12 月 30 日是不真实的。H 家具厂则主张其提交的劳动合同书是经双方协商一致签订的，其内容是真实的。

经本院委托，湖南大学司法鉴定中心向本院出具了湖大司鉴中心〔2013〕文鉴字第×××号司法鉴定意见书，载明："送检的标准日期为 2011 年 11 月 7 日的劳动合同书中第 2 页第 4 面（第 2 页 B 面）'陈某某'的签名以及签署的时间与该劳动合同书第 1 页第 1、2 面（第 1 页 A 面和 B 面）手写部分的字迹形成时间不一致。"湖南大学司法鉴定中心出具的鉴定意见书印证了陈某某的部分主张，而 H 家具厂回应称造成以上结果是由于 H 家具厂工作方法的缘故，但是其没有提供证据予以证明。本院相比较各自的主张，结合鉴定结论，认为陈某某的主张更接近客观事实，故本院采信陈某某的主张，双方于 2011 年 11 月 7 日签订的劳动合同书中约定的劳动合同期限为 2011 年 11 月 7 日至 2012 年 1 月 15 日。2012 年 1 月 15 日双方的劳动合同期满后，陈某某继续在 H 家具厂工作，此后双方形成了事实劳动关系。

他的签名是真的吗

过往十年，社会上出现了不少这样的案例：

一是劳动者使用假笔迹签名，回头主张未签订劳动合同的两倍工资差额；

二是用人单位因自身原因未与劳动者签订劳动合同，劳动者主张权利后，用人单位伪造劳动者的签名笔迹。

这些案例，用人单位败诉的概率非常高！

我们建议，用人单位应及时与劳动者签订劳动合同，并且注意劳动者的签名是否为其本人的笔迹。

【2017年温州市关联判例】

法院认为：被告人毛某某、时某某结伙在劳动合同上伪造不是其所写的签名，再以被害单位未与其订立劳动合同为由，通过劳动仲裁等途径获取两倍工资；被告人毛某某、时某某的上述行为是结伙以非法占有被害单位财物为目的，采取欺诈手段，致使劳动仲裁委等机关基于错误认识而运用法律强制措施将被害单位的财物交付给被告人，数额较大，依法应以诈骗罪定罪处罚，公诉机关指控诈骗罪的罪名成立，辩护人有关本案不符合诈骗罪构罪要件的意见不予采纳。鉴于本案犯罪金额等实际情况，公诉机关的量刑建议适当，予以采纳。依照《中华人民共和国刑法》（以下简称《刑法》）第二百六十六条、第二十五条第一款、第六十四条之规定，判决如下：一、被告人毛某某犯诈骗罪，判处有期徒刑一年九个月，并处罚金3000元；二、被告人时某某犯诈骗罪，判处有期徒刑一年九个月，并处罚金3000元；三、责令被告人毛某某、时某某共同退赔违法所得17192元返还被害单位浙江H公司。

【2013年东莞市关联判例】

法院认为：J公司与余某某之间是否签订书面劳动合同。广东康怡司法鉴定中心已对J公司提交的劳动合同上"余某某"的签名进行了笔迹鉴定，鉴定意见为不是余某某本人所写。J公司主张该劳动合同系余某某签订，应提供相反证据予以推翻上述鉴定意见，但J公司既未对签名重新申请鉴定，又未对指模申请鉴定。现无证据证明该劳动合同系余某某所签，原审法院对该劳动合同不予确认。因J公司未能提供有效证据证明已与余某某签订书面劳动合同，根据《劳动合同法》第八十二条的规定，J公司应向余某某支付2011年1月1日至11月30日未签订书面劳动合同的两倍工资差额。

三、试用期

违法约定试用期的法律风险

关联法条

《劳动合同法》

第十九条 劳动合同期限三个月以上不满一年的，试用期不得超过一个月；劳动合同期限一年以上不满三年的，试用期不得超过二个月；三年以上固定期限和无固定期限的劳动合同，试用期不得超过六个月。

第八十三条 用人单位违反本法规定与劳动者约定试用期的，由劳动行政部门责令改正；违法约定的试用期已经履行的，由用人单位以劳动者试用期满月工资为标准，按已经履行的超过法定试用期的期间向劳动者支付赔偿金。

试用期限与劳动合同期限挂钩，是非常简单的常识性问题，但依然有不少 HR 从业者在这里摔了跤。如何挂钩及其法律责任，《劳动合同法》第十九条、第八十三条已经规定得很清楚，不再赘述。但需要注意的是，结合民法的相关规定，"不满"是不包括本数，"以上"是包括本数的；即刚好 1 年（1 月 1 日～12 月 31 日）的就可以约定 2 个月的试用期，刚好 3 年的就可以约定 3 个月的试用期。

【2014 年深圳市关联判例】

法院认为：S 公司是否应支付超期试用期赔偿金。S 公司与唐某签订的劳动合同期限为一年，根据《劳动合同法》第十九条规定，试用期最长为 2 个月，而双方约定的试用期为 6 个月，超期 4 个月。根据《劳动合同法》第八十三条的规定，S公司应当以唐某试用期满月工资为标准，按已经履行的超过法定试用期的期间向唐某支付赔偿金。由于唐某于2013年1月4日入职，工作至2013年6月9日，故S公司应支付唐某2013年3月4日至6月9日超期试用期的赔偿金20244.85元（6000÷31×27 + 6525.52 + 6525.52 + 1968）。

试用期最后一天解雇新员工的法律风险

关联法条

《劳动合同法》

第三十九条　劳动者有下列情形之一的，用人单位可以解除劳动合同：（一）在试用期间被证明不符合录用条件的。

《对〈关于如何确定试用期内不符合录用条件可以解除劳动合同的请示〉的复函》（劳部发〔1995〕16 号）

对试用期内不符合录用条件的劳动者，企业可以解除劳动合同；若超过试用期，则企业不能以试用期内不符合录用条件为由解除劳动合同。

上述法条表明，以"试用期不符合录用条件"解雇新员工必须在试用期满前做出决定及送达通知书给劳动者。因此，在试用期最后一天解雇新员工是没有问题的；但是，如果劳动者拒绝签收解雇通知书，那么用人单位的法律风险将大大增加。因为用人单位使用特快专递的方式发出通知书后，原则上第二、三天才能送达给劳动者，此举已违反了上述规定，原则上构成违法解除劳动合同。

另外，最后一天解雇新员工，可能无法交接完毕，需要次日继续交接。这一天属于工作交接，很多企业会支付劳动报酬给劳动者，那么究竟是试用期最后一天解除还是试用期满后才解除，现实中存在争议。如果法官认为工作交接的那天也存在劳动关系，那么企业将构成违法解除劳动合同。因此，部门经理或其他管理者还应该预留更多的时间用于工作交接，确保试用期最后一天下班前有效送达解雇通知书及交接完毕。当然，劳动者恶意拒绝交接的另当别论。

试用期满前几天解雇员工的法律风险

对于从事销售工作的新员工，用人单位基本上会与其约定"试用期间的销售目标为 ×× 万元，完不成则视为不符合录用条件"。但是，在试用期的中段，新员工业绩很糟糕，用人单位觉得新员工能力、潜力不足，想提前将其解雇，用人单位的法律风险也非常大。

"试用期间的销售目标为 ×× 万元"中的"试用期间"，原则上理解为从入职之日到试用期最后一天下班的时候。前面提到，用人单位应预留几天的时间用于送达解雇通知书及工作交接，因此，对于新员工的工作目标，最好约定"×× 年 × 月 × 日前需完成 ×× 工作，否则视为不符合录用条件"。

不符合录用条件的范围包括哪些

法律、法规并没有进一步规定何为不符合录用条件，因此用人单位应该在内部制度文书中明确规定不符合录用条件的具体情形，否则在解雇新员工时，缺乏制度依据。哪些情形属于不符合录用条件？理论上与实务上，并没有统一的标准。新员工出现哪些行为表现时，用人单位是无法容忍和接受的，将此等行为表现书面罗列出来即可，当然此等具体情形不得与法律冲突，且需符合公平合理原则，如将"试用期间迟到5分钟"定性为不符合录用条件明显不合适。不符合录用条件可以从员工的行为表现、仪容仪表、工作业绩、劳动纪律、制度遵守等方面表述清楚。

【2013年上海市关联判例】

法院认为：根据《劳动合同法》的相关规定，在试用期内被证明不符合录用条件的，用人单位可以解除劳动合同。因此，本案的原告（用人单位）应就其解除行为的合法性有举证义务。首先，原告主张其解除理由系被告（劳动者）不符合录用条件中的工作要求，但其未提供被告岗位的录用条件、考核标准等，也未举证证明其已将录用条件、考核标准等事先告知了被告；其次，原告未举证证明被告存在其所陈述的工作效率低等不符合工作要求的事实。因此，原告认为被告在试用期内不符合录用条件的意见，本院不予采纳，故其解除行为系违法解除劳动合同的行为，应当向被告支付赔偿金。

【2015年厦门市关联判例】

法院认为：原告（用人单位）主张被告（劳动者）在试用期内违反

其规章制度，并以此为由单方解除与被告的劳动关系。原告仅向本院提交了员工手册、仪容仪表规范等文件，但并不能证明其在被告入职后针对其本人履行了相应的培训或告知义务；依原告的规章制度，若员工出现仪容仪表欠佳、不符合行为规范、存在脱岗或串岗等情形，可给予口头或书面警告的处分；而对于试用期的员工，只有他们未能通过考核时，才能解除劳动关系。另根据《劳动合同法》的规定，当劳动者被证明不符合录用条件时，用人单位才可以解除劳动合同。据此，原告未能证明被告不符合其录用条件，就无权单方作出解除劳动关系的决定。原告违法解除与被告的劳动关系，应当按照法律规定支付相应的赔偿金，故本院对原告无须支付赔偿金的请求，不予支持。

如何证明新员工不符合录用条件

具体做法，请参考"不胜任工作的界定与举证"，但上级主管应加强与新员工的日常沟通，加强 PDCA 循环，做到每周一次沟通，甚至每天一次沟通。

【2010年广州市关联判例】

法院查明：……2010 年 5 月 21 日，原告 W 公司向陈某出具解除 / 终止劳动合同通知书，该通知书载明：鉴于试用期表现不佳，经公司研究决定，自 2010 年 5 月 21 日起与陈某解除 / 终止劳动合同。陈某于当日向原告 W 公司出具回执并明确表示原告 W 公司的解除行为违法。原告 W 公司于同年 5 月 26 日向陈某发出致陈某的函，该函就陈某在职期间的工作态度和能力方面存在问题进行了列举，以回应陈某之前发出的回执意见。……原告 W 公司提供了员工手册、新员工专业进阶计划表及两份员工试用期评估意见表、终止劳动合同申请书，陈某对员工手册予以确认，表示进公司后见过新员工专业进阶计划表，但表示新员工专业进阶计划表只是主管对新员工进行的培训内容，与录用标准没有任何关系；对两份员工试用期评估意见表，陈某不予确认，主张在职期间没有见过该两份评估意见表，没有对其工作表现进行评估。员工试用期评估意见表上记载着陈某在工作期间出现工作失误的意见，但原告 W 公司并没有提交陈某在工作期间出现工作失误的证据。

法院认为：原告 W 公司提供的新员工专业进阶计划表及两份员工试用期评估意见表，陈某均不确认已向其出示，员工试用期评估意见表的评分没有陈某的反馈意见，且原告 W 公司未能出示员工试用期评估意见表上记载的有关陈某在工作期间出现工作失误的证据。因此本院认为原告 W 公司未有证据证明陈某不符合录用条件，其与陈某解除劳动关系不符合法律规定。

能否以经济性裁员解雇在试用期内的新员工

关联法条

《劳动合同法》

第二十一条 在试用期中，除劳动者有本法第三十九条和第四十条第一项、第二项规定的情形外，用人单位不得解除劳动合同。用人单位在试用期解除劳动合同的，应当向劳动者说明理由。

第三十九条 劳动者有下列情形之一的，用人单位可以解除劳动合同：

（一）在试用期间被证明不符合录用条件的；

（二）严重违反用人单位规章制度的；

（三）严重失职，营私舞弊，给用人单位造成重大损害的；

（四）劳动者同时与其他用人单位建立劳动关系，对完成本单位的工作任务造成严重影响，或者经用人单位提出，拒不改正的；

（五）因本法第二十六条第一款第一项规定的情形致使劳动合同无效的；

（六）被依法追究刑事责任的。

第四十条 有下列情形之一的，用人单位提前三十日以书面形式通知劳动者本人或者额外支付劳动者一个月工资后，可以解除劳动合同：

（一）劳动者患病或者非因工负伤，在规定的医疗期满后不能从事原工作，也不能从事由用人单位另行安排的工作的；

（二）劳动者不能胜任工作，经过培训或者调整工作岗位，仍不能胜任工作的。

　　企业大裁员时裁掉新员工，相信各位读者会觉得没问题，因为裁员是解雇员工的法定理由之一，裁掉新员工应该没问题。但是根据《劳动合同法》第二十一条的规定，以"经济性裁员"名义解雇新员工明显构成违法解除劳动合同。切记，**只有出现《劳动合同法》第三十九条及第四十条第一、二项所述的情况才能解雇新员工。**

四、绩效管理与岗位调整

单方调岗的操作策略

关联法条

《劳动合同法》

第四十条　有下列情形之一的，用人单位提前三十日以书面形式通知劳动者本人或者额外支付劳动者一个月工资后，可以解除劳动合同：

（一）劳动者患病或者非因工负伤，在规定的医疗期满后不能从事原工作，也不能从事由用人单位另行安排的工作的；

（二）劳动者不能胜任工作，经过培训或者调整工作岗位，仍不能胜任工作的。

1. 案例分析

【案情】

2008 年 6 月，陈某入职某企业，在 A 部门工作。2013 年 6 月双方签订无固定期限劳动合同，之后陈某的工作积极性开始下降。9 月初，A 部门经理找到陈某谈话，就其工作问题提出相关意见和要求。谈话后，陈某依然没有改进的表现。10 月 9 日，A 部门经理安排陈某回家待岗 5 天，回家好好反省。在陈某待岗期间，A 部门经理找到 HR 经理，要求调整陈某到其他部门工作，称 A 部门的同事都不喜欢他，A 部门经理明确，只要其他部门愿意接收就没有问题。经过多方沟通，B 部门同意接收陈某。15 日，A 部门经理、B 部门经理、总经理均在这份通知上签了字，同意将陈某调到 B 部门，理由为：陈某的责任心和积极性明显下降，无法在 A 部门工作。16

日下午，陈某回到企业，但拒绝到 B 部门工作。20 日，企业以拒不服从安排、严重影响工作为由解雇了陈某。

【分析】

是否一切调岗都是企业说了算，还是都要征得员工同意？都不是！从 1995 年《劳动法》出台到现在，大量的判决书表明，如果企业能举证证明员工由于自身因素不能做好本职工作、不能胜任工作，那么企业有权单方调岗，员工不得拒绝，否则构成违纪违规。自身因素包括两个方面：一是能力问题，二是身体问题。其法律依据为《劳动合同法》第四十条第一、二项，《劳动法》第二十六条第一、二项也有同样的规定。

《劳动合同法》第四十条第一、二项属于法定的劳动合同解除理由，但其间接意思是劳动者患病或者非因工负伤，在规定的医疗期满后不能从事原工作的，用人单位有权安排其从事其他工作，或者劳动者不能胜任工作的，用人单位有权对其进行培训或者调整工作岗位。当然，操作的难点是如何举证证明员工不能从事或者不能胜任工作。另外，此单方调岗原则上只能横向调整或者往下面一个岗位调整，而且理论上新岗位的胜任能力要求应该不得高于原岗位的。

我建议用人单位加强日常绩效管理，否则很难举证。

【2014 年武汉市关联判例】

法院认为： 在王某担任供应链部门经理期间，即 2013 年 9 月 10 日，武汉分公司将王某调整为汉口设计二部经理，使其工作岗位发生了重大变化。因公司未能举证证明调岗与王某进行了协商，也未举证证明系因王某不能胜任供应链部门经理职责而对其进行调岗，故公司的调岗行为属于单方面就工作岗位作出的重大变更行为，违反了双方合同约定的内容。

【2013年四川省关联判例】

　　法院认为：本案中被申请人李某原为 D 公司的柜长，无论从其工作性质还是收入情况来看，均不同于普通营业员。再审申请人 D 公司在李某没有出现未完成销售任务或在工作中存在失职、违反规章制度等情况下，无故将其降职为营业员，从而致使李某提出离职申请，因此，二审判决认定李某不属于自动离职，D 公司应当支付经济补偿金是正确的。

2. 调岗理由的合理性

　　除前述提到的合法性调岗理由外，在司法实践中，还存在合理性理由一说，但此说仅属于部分地方或部分仲裁员、法官的观点，国家层面的法律、法规并没有这个规定。因此，在操作时，HR 从业者应该慎重一些。我了解到，这几年广东、上海、江苏、浙江及北京都出现过合理性调岗理由的判例，建议各位读者上网搜索或到劳动部门咨询一下所在地是否存在这个观点。合理性理由的大概观点为，如果同时出现以下情形，用人单位可以单方调岗：调岗是基于生产经营的需要，新岗位的工资不低于原岗位或与原岗位差不多，调岗不存在恶意的目的或动机。

【2014年上海市关联判例】

　　法院认为：第一，根据《劳动合同法》规定，用人单位与劳动者应当按照劳动合同的约定，全面履行各自的义务。双方所签订的劳动合同约定，被告根据工作需要或生产经营情况的变化，可调动原告的工作岗位，原告愿意服从安排。基于双方对调整工作岗位进行过书面约定，故双方应当按照劳动合同的约定执行。第二，根据审理查明的事实，2014年 4 月，被告因订单少让原告回家停工 5 天。结合原告 2014 年 5 月的工资收入情况以及原告于仲裁庭审中的陈述，被告陈述因生产经营情况发生变化，导致订单量明显下降，原告的工作岗位基本无活可干具有可信度，本院予以采信。被告处负责生产小件的车工仅原告一人，原告于仲裁庭审中亦陈述其入职以来一直仅生产小件，不会做其他产品。故被告根据劳动合同约定依法调整原告的工作岗位，具有合理性，原告应当予以服从。调岗后的工资虽有差别，但基于岗位间的工作强度、技术含量等差异以及新岗位的市场行情，调岗后的工资标准亦具有合理性，且调岗通知中已载明今后一旦业务好转，有车工方面的加工需求，将优先考虑原告回到原来的工作岗位。在原告不服从合理工作调动的情况下，被告连续两次向原告发送整改通知，督促原告及时到新岗位报到，但原告依然不予服从。故被告于 2014 年 5 月 28 日依据 H 公司员工应知的16 条戒律的相关规定，解除双方劳动合同，符合法律规定。

需要说明的是，如上述判例，即使劳动合同约定"企业根据工作需要或生产经营情况的变化，可调动员工的工作岗位，员工愿意服从安排"，企业在实务中仍需举证调岗的合法性或合理性。不存在由于有这个约定企业就可以随意调岗的做法，否则企业可以随时用这个方法调岗。

【2016 年珠海市关联判例】

法院认为：双方在劳动合同书中约定的工作岗位为"生产及生产支持、管理及服务工作（例如，生产操作及辅助、生产管理、质量、计划、货仓、设备维修管理、磨具加工等岗位）"，该约定从纵向上包括管理及非管理岗位，横向上包括 7 个不同工种，涵盖范围广泛，属于岗位约定不明。对此，应以实际履行原则确定田某某的工作岗位，本案中，田某某入职 T 公司后为仓库理货员，2014 年 5 月 15 日升职为配套仓仓长，2015 年 10 月 21 日双方签订无固定期限劳动合同，其后至 2016 年 4 月 21 日，田某某一直担任配套仓仓长。可见，田某某在劳动合同签订之前及之后的两年里，均为配套仓仓长，应视为双方就劳动岗位已达成一致意见，T公司调整田某某的劳动岗位，实际上为单方变更劳动合同，依照《劳动合同法》第三十五条的规定，应与劳动者协商一致并采用书面形式，若协商不成，用人单位的调岗行为也应符合上述《广东省高级人民法院、广东省劳动人事争议仲裁委员会关于审理劳动人事争议案件若干问题的座谈会纪要》第二十二条规定的3个条件。但本案中，T公司既无与田某某协商一致的情形，其对田某某的调岗又不符合上述纪要的3个条件，对T公司的该项主张，本院不予采纳。

事实调岗的认定标准

关联法条

《最高法院关于审理劳动争议案件适用法律若干问题的解释（四）》（法释〔2013〕4 号）

第十一条　变更劳动合同未采用书面形式，但已经实际履行了口头变更的劳动合同超过一个月，且变更后的劳动合同内容不违反法律、行政法规、国家政策以及公序良俗，当事人以未采用书面形式为由主张劳动合同变更无效的，人民法院不予支持。

司法实践中，签署调岗确认书或合同变更协议书并不是认定变更成立的唯一标准。例如，企业口头将员工从 A 岗位调整到 B 岗位工作，员工没有签署任何确认书或协议书，1 年后员工要求回到劳动合同约定的 A 岗位工作，很难成立；过往 10 多年来，仲裁员或法官基本上会认定员工事实上已经接受了新岗位。究竟在新岗位待多久视为事实接受，并没有统一的标准，直到 2013 年最高人民法院出台了《最高法院关于审理劳动争议案件适用法律若干问题的解释（四）》。在操作时，用人单位应举证证明员工到新岗位超过了一个月，且期间以正常的状态履行了新岗位的职责。如果员工有证据证明虽然也到了新岗位，但是每天都在向企业申诉，提出反对意见，就表明其不接受新岗位。什么叫正常状态？就是该做什么就做什么，该怎么做就怎么做。

【2017 年惠州市关联判例】

法院认为：上诉人认为其将被上诉人调回原岗位合情合理，不违背被上诉人签订劳动合同的意思范围，不损害劳动者的利益，其调岗行为合理合法。经查，双方于 2011 年 3 月 1 日签订的无固定期限劳动合同，被上诉人工作部门为"售后"，岗位为"维修"，职务为"客户关系部副经理"，工作地点为"惠州市河南岸汽车大市场 ×× 号场"。双方均确认在本次纠纷发生前被上诉人的职务已经晋升，担任客户关系部总监、×× 轻型车服务总监，双方无异议并履职超过一个月的时间。根据最高人民法院关于《审理劳动争议案件适用法律若干问题的解释》（四）第十一条规定，变更劳动合同未采用书面形式，但已经实际履行了口头变更的劳动合同超过一个月，且变更后的劳动合同内容不违反法律、行政法规、国家政策以及公序良俗，则变更劳动合同有效。因此，发生本案纠纷前，双方于 2011 年 3 月 1 日签订的无固定期限劳动合同已经变更。上诉人要对被上诉人进行再次调岗，属于变更新劳动合同内容的行为，根据《劳动合同法》第三十五条规定，变更劳动合同内容需经用人单位和劳动者双方协商一致。因此，上诉人认为将被上诉人"调回原岗位合情合理，不违背被上诉人签订劳动合同的意思范围，不损害劳动者的利益"并无法律依据。

【2014 年天津市关联判例】

法院认为：双方当事人之间是劳动合同法律关系。根据法律规定，用人单位和劳动者变更劳动合同约定的内容，应当采取书面形式，未采用书面形式，双方履行变更后内容超过一个月，且变更后内容不违反法律及政策规定、公序良俗的，变更有效。上诉人认为被上诉人单方变更劳动合同内容，但其在变更后的工作岗位就职数月，同期接受被上诉人按照新的标准发放工资并未提出异议，故应当认定双方当事人的劳动合同已经变更，上诉人上诉主张不能成立。

协商调岗的操作技巧

岗位变更需要与员工协商，征得其同意。但是，用人单位可以把将来的协商提前约定好，把将来的变更转化为如实履行双方的约定。

例如，警察破案，会有 A 方案、B 方案、C 方案。为什么策划不同的方案？因为如果只策划了 A 方案，当现场发生其他情况时，参与人员不知道下一步该如何做。如果事先策划了几个不同情况下的方案，现场就可以随机应变，当出现其他事先预测到的情况时，一声令下（或大家自动自觉）就可以立即采取下一步行动，参与人员无须再碰头、再协商，而且事发现场根本没有时间让大家协商。

在策划时，需要把不同的具体情况及对应的具体行动方案罗列出来，在劳动用工方面亦然，否则属于约定不明确。具体情况与具体方案约定得越明确，该条款成立的概率就越高。

例如，某企业刚成立不久，对外招聘销售经理。入职时，企业与销售经理书面约定"未来两年内，乙方负责带领团队开拓广东的市场，两年后如果甲方决定进军上海市场且乙方过去的业绩达标，乙方将被派往上海地区组建团队与开拓上海的市场"。两年后，双方约定的条件成就时，乙方应前往上海开拓市场。

再如，某企业在一二线城市开了不少专卖店，大部分营业员是女性。该企业与新入职的女性营业员书面约定"由于营业员岗位需要长期站立，会影响到孕妇的身体健康，甲方安排孕妇从事长期站立工作会让消费者认为甲方不人道、不合规，所以乙方怀孕期间，乙方的岗位将从营业员变更为 A 岗位或 B 岗位"。

从法律角度看，把"变更"转化为"履行"这个做法是没有问题的。当然，我们不能承诺所有仲裁员、法官、律师都认可这个做法，因此，HR 从业者在使用时应慎重一些！

三期女员工的调岗策略

案例分析

【案情】

2015 年 10 月，女员工周某入职某企业。2016 年 3 月初，周某怀孕，预产期为 2016 年 12 月中旬。2016 年 11 月底，周某开始休产假，休假前把工作移交给其他同事。2017 年 4 月中旬，周某休完产假回到企业上班，发现她的岗位已经招了新员工李某，周某提出继续从事原岗位工作的请求，但企业与李某均不同意。随后，周某发函要求企业安排她从事原岗位工作，否则将依法维权。企业领导找新员工李某协商，希望李某腾出该岗位还给周某，企业另外安排其他岗位给李某，李某不同意。

【分析】

这种问题很难应对，因为主动权在两名员工的手上。正常情况下，新员工有权拒绝调岗和腾出该岗位，老员工有权要求从事该岗位（即原岗位）。如果企业强行安排周某到其他岗位或要求李某离开原岗位，都构成违法变更，员工可以提出被迫解除劳动合同或要求恢复到原岗位工作。

这种问题只能预防在先，企业在老员工休产假前与其协商约定，休完产假后其岗位将调整为 ×× 岗位，工资标准是多少；或者在招聘新员工时，与新员工约定其暂时从事该岗位 ×× 月，几个月后将调整为其他岗位。当然，理论上也可以参照前面提到的"把变更转化为履行"这种做法。

有些企业还有一种做法：不招新员工，而是从其他部门临时抽调一个员工，在这个岗位做几个月，等到老员工回来时便让该员工回到原采的部门和岗位。企业在故出此决定时也应该与该临时员工进行特殊的书面约定，否则该员工可以根据前面提到的"一个月视为变更"的观点主张事实上已经变更了岗位，主张其本人有权拒绝回到原岗位。

【2014年绍兴市关联判例】

法院认为：1.原告与被告签订的劳动合同及劳动合同补充条款，是一个整体；2.在劳动合同补充条款中，乙方同意甲方在特定情形下（包括生产经营需要调动人员、乙方不能胜任原工作岗位、因休长假等原因造成原岗位被其他人取代以及其他原因而确定需要调整岗位的各种情况）调动岗位或变更工作地点，且依照按岗变薪原则调整。乙方在接到调令后，须在规定时间内到新岗位报到上班，否则按严重违纪处理，并解除劳动合同。原告经被告人事部门电话通知并在接到限期上班通知后，仍未去上班。原告所述接到的并非限期上班通知的辩称，与事实不符。在此情况下，被告经过相关程序作出解除与原告的劳动合同关系的决定，是符合法律规定的。

绩效考核的法律风险防控

1. 案例分析

【案情】

A公司内部制度规定，员工年终考评的内容：工作态度、工作能力、工作结果。满分为100分、合格为60分，考核不合格的员工，无权享受年终奖。2016年1月，A公司给小王进行年终考评，工作态度折算为8分、工作能力折算为6分、工作结果折算为45分，总得分为59分。但是，小王拒绝签名确认该结果。随后，公司取消小王的年终奖，并对小王进行调岗降薪。小王不服，提出被迫解除劳动关系并申请劳动仲裁，要求企业支付年终奖及被迫解除的经济补偿。

【分析】

本案焦点在于公司取消年终奖及进行调岗降薪是否合法成立，如果合法成立，那么小王败诉。公司做出这个决定的依据有两个：一是制度的规定，如果制定制度时没有履行民主程序，那么公司的败诉概率比较高；二是考核结果，如果小王不确认考核结果，那么公司应举证证明考核结果的真实性。

考核的内容包括工作态度、工作能力、工作结果。理论上，工作结果的举证相对容易些，不过在我印象中，50%以上的企业证据不充分。工作能力的举证比较难，理论上可以通过具体事件证明员工的能力不足，但焦点在于大部分企业无法举证证明该"具体事件"客观发生过。工作态度的举证更是难上加难，除了现场的录音录像证据或员工自我承认外，似乎找不到其他充分的证据证明员工的态度问题。

多年来，管理界流行的"民主评议"或"360度考核"，在法律面前显得苍白无力，因为这些考核指标都是主观指标，打分都是凭主观感觉，主观感觉本身就缺乏客观性，而且还存在恶意串通陷害员工的可能性，在员工不签名确认的情况下，此等证据只能作为辅助证据、参考证据，不能作为充分证据。企业基于这种主观感觉的考核结果，对员工进行调岗降薪或取消奖金而引发劳动争议的，从我多年的实践来看，我认为很少有企业能打赢官司。

【建议】

（1）绩效考核的内容尽量客观，即态度类、能力类、职业素养类的指标尽量少一些。

（2）绩效目标必须公平合理，应符合绩效理论所说的可达性。

（3）考核结果要客观、真实。

（4）考核结果必须有效送达给员工（不送达，不生效）。

（5）对考核结果的运用应合法合理，如员工确实不能胜任工作，可以调岗。如果使用主观指标进行考核，但员工不确认考核结果，最好不要把考核结果用于调岗调薪、扣发奖金或者解除劳动关系。

【2014年深圳市关联判例】

法院认为：关于解除劳动关系的问题。2012年12月26日，深圳市W协会向戴某送达解除劳动合同通知书，载明"你在历次员工互评式的季度、年度绩效考核中不合格，为此，本会给你调整了工作岗位，但调整岗位后你的季度、年度绩效考核仍为不合格，本会认为你已不能胜任本职工作，于2012年12月31日解除与你签订的劳动合同"。本院经审理认为，深圳市W协会虽然提交了绩效考核管理办法、绩效考核汇总表等证据证明其对戴某进行了考核，且戴某考核不合格，但是戴某不确认这些证据。鉴于深圳市W协会认定为考核不合格的依据为员工之间相互打分未达到规定的标准。深圳市W协会并未提供其他具体的不合格的事实依据。深圳市W协会未能提供具体的事实依据证实其主张，应承担举证不能的法律后果。一审认定深圳市W协会构成违法解除及应支付违法解除劳动合同赔偿金并无不当。

2. 强制分布绩效区间

很多企业流行这种做法：年底对几百名或几千名员工进行排名，最前面的 5% 是优秀（晋升与加薪），接着的 15% 是良好（加薪），接着的 75% 是合格（原封不动），最后面的 5% 是不合格（调岗降薪或者辞退）。在中国法律面前，这种做法是没有说服力的。

中国法律认可的是用目标和绩效做对比，而不是人与人之间的对比，没达标的就叫不合格、不胜任。一群人在一起互相比较，不管用什么标准，都会出现第一名和最后一名，难道第一名真的就那么卓越，最后一名就真的那么差劲？未必！例如，企业甲的第一名属于不合格，因为他没有完成业绩；而企业乙的最后一名是优秀的，因为他的业绩完成了 200%，只不过其他人完成得更多，他排在最后而已。

3. 不称职的风险

国企比较喜欢用"称职""基本称职""不称职"等标准对员工进行评价。其实，"称职"属于以往国家人事部人事管理、人事关系下的概念，不是《劳动法》中的概念。《劳动法》中没有"称职"这种说法，《劳动法》认可的是"合格""不合格"或"胜任""不胜任"，根据我多年的实践经验来看，我认为最好写清楚"不称职"是否等同于"不胜任"。

据了解，国企给员工定性"不称职"，往往出于两个原因：要么不胜任工作，要么实施违纪违规行为。如果基于员工违纪违规而定性为"不称职"，它并不等同于"不胜任工作"。所以基于严重违纪违规的"不称职"，可以直接无条件解雇；而基于不胜任工作的"不称职"，不能直接解雇，应按照《劳动合同法》第四十条第二项进行操作。

不胜任工作的界定与举证

1. 如何界定不胜任工作

1994 年劳动部《关于〈劳动法〉若干条文的说明》第二十六条规定：不能胜任工作，是指不能按要求完成劳动合同中约定的任务或者同工种、同岗位人员的工作量。虽然此文件于 2017 年年底被废止，但是不少条款（包括第二十六条）仍有参考价值，一是它们的描述比较客观、合理，二是与新的规定不冲突。

通俗地说，不能胜任工作就是员工的工作结果达不到合理的标准或要求。如何界定合理的标准或要求？（1）双方约定或员工自我确认。从法律角度看，如果员工确认了工作目标、任务或要求，将来要主张这些不合理，就要举证证明为什么不合理；如果员工没有确认，将来企业以此评判员工不能胜任工作，企业就要举证证明这些是合理的。（2）以其他相同工种或岗位的大部分人员的完成情况来判断。例如，《广东省工资支付条例》规定，实行计件工资的，用人单位应当科学合理地确定劳动定额和计件单价，并予以公布；确定的劳动定额原则上应当使本单位同岗位 70% 以上的劳动者在法定劳动时间内能够完成。《江苏省工资支付条例》规定，实行计件工资制的，用人单位确定、调整劳动定额或者计件报酬标准应当遵循科学合理的原则；确定、调整的劳动定额应当使本单位同岗位 90% 以上劳动者在法定工作时间内能够完成。

需要注意的是，有些环节是难以界定是否胜任工作的。例如，某企业推出一个新产品，领导安排 3 名设计人员尽快设计产品的包装封面，每人需设计 3 幅图，一共 9 幅。请问：这些图案哪幅最好、哪幅最不好，怎么界定或评价？可以说，很难！与人的思维或智力有关的工作成果，有时不好界定标准。

再如，法律文书写得好不好，也是很难界定或评价的。在我的部门有个入行六七年的律师，我觉得他写的法律文书一般，但是来我这里实习的法律专业的在校生觉得他写得非常好，比他们大学的老师写得还要好。法律文书是否存在违法观点、错别字、错误的标点符号或错误的中文语法，这些是有客观标准的，但是否优美、流畅、严谨，就见仁见智了。对于这些在实体上说不清的工作成果，只能从程序上进行把控，将来是否成立要看仲裁员或法官的理解与倾向了。

2. 如何设定工作目标

工作目标、任务与要求，可以从两个方面进行设定。一是目标的分解，可以从上至下层层分解，从高层到中层，到基层；还可以从时间上分解，从一年到半年，到季度，到月度，到周，到日。目标分解，比较适合经营类或业务类岗位，也是 HR 从业者比较熟悉的做法（对目标分解没有概念的朋友，请主动看看绩效管理方面的书籍或听听相关管理类的课程）。二是根据日常工作提出具体的合理的要求，从时间、质量、数量、成本等提出来。这个比较适合难以提炼量化指标及设定量化目标的岗位，需要直属上司投入较多的时间和精力，也需要人力资源部给予必要的指导。

如何提要求？例如，今天某个部门经理给人力资源部发了份招聘需求申请表，HR 经理觉得没问题，便安排招聘主管跟进，说："小王，某个部门要招员工，我看了没什么问题，你跟进一下，今天下班前把招聘信息发布在和我们合作的那几个网站上，3 天内筛选出 5 份简历，应聘者的资格与条件要与岗位说明书相匹配。"HR 经理提到的"下班前、3 天内"是时间要求，"5 份"是数量要求，"与岗位说明书相匹配"就是质量要求。通常情况下，达到这些要求，难度不会很大，所以这些要求应属合理。

再如，酒店老总对负责培训室会务工作的部门提出一个要求：客户来酒店培训，培训前的半小时前到结束的那一刻，必须确保培训现场所有的设施设备都处于良好的运作状态且中途不得出现故障。这里包括时间、数量、质量3个方面的要求。这些要求都比较合理，只有会务服务达到这些要求，客户才会满意。

实务中，用人单位如能举证证明这些日常工作，在合理期限内（如一个季度内）出现三五个员工没有按合理要求完成，那么员工被认定为不能胜任工作的概率就比较高了。当然，这些具体事件越多，用人单位的胜诉概率就越高！

3. 如何证明不能胜任工作

对于量化目标的岗位，企业管理者都知道用数据说话。而对于非量化目标的岗位，基本上是用主观指标，凭主观感觉打分。

前面已分析过主观打分的风险非常大。用数据说话，难道就不存在风险吗？存在！例如，企业主张员工的工作完成率为80%、产品合格率为95%，员工不认可，将来发生劳动争议，企业还要举证证明该数据结果是真实客观的。所以，站在法律角度看，企业有必要加强日常管理，加强日常数据的收集与保留。

（1）书面规范化管控。员工需定期签署绩效目标确认书或重点工作确认书，确认年度、半年度、季度的绩效目标或重点工作，确认具体的目标或要求；结合绩效目标或重点工作，定期提交季度、月度具体的工作计划和工作总结。这些做法间接让员工养成每周、每天定期记录工作情况的习惯。

养成习惯就好，很多证据会在不知不觉中保留下来！据了解，建筑行业的监理工程师，每天都需要记录与工作有关的情况；医院住院部的医生和护士每天都要记录与工作、病人有关的情况。

（2）加强日常沟通。在日常管理中，直属上司原则上会定期（每天、每周）与下属沟通（面谈、邮件、电话、QQ、微信等）工作。我要强调两个问题。一是证据保留的问题：面谈沟通时，不能聊完后就离开，需养成制作谈话记录或会议纪要且让参与者签名的习惯，或者让员工事后把谈话要点写成邮件发给直属上司；采用电话沟通时，必要时可以全程录音。二是工作要求的问题：安排工作时应提出具体要求，汇报工作时应结合具体要求如实陈述。这两个问题，都需要养成习惯。

例如，很多饭店有这个习惯：每天下班后，部门经理分别召集下属员工进行沟通、开会或训话，指出今天出现了什么问题，以后怎么改进。再如，一个大学同学和我说，她在苹果公司的某个工厂担任部门经理，各部门经理基本上每天要向总经理汇报当天的工作，总经理需要知道该工厂每天的产能、产出和各部门发生的大问题。这就要求各个部门经理要做到精细化管理。做到精细化管理的企业，从我多年的实践来看，我认为在证据收集与保留方面，不会有太大的困难。

（3）通过电子邮件把控下属的工作。有家公司的做法值得我们参考，员工给客户或同级同事发送邮件时，必须同时抄送给直属上司；员工接到客户或同事的邮件，必须及时转发给直属上司。

（4）员工在工作上出现特殊问题时，应及时沟通，其做法与违纪违规行为的取证类似，不再赘述（详见证据的创制、收集与保留）。

（5）定期收集、整理、归档有关数据、物品及资料，此做法可以保留必要的证据，也方便管理者对量化绩效结果进行统计、核算。

【2013年广州市关联判例】

法院认为：张某在2012年3月、4月、5月的产品生产量比去年同期产量均大幅下降，其中2012年4月的产量下降近半。与G公司提交的张某同车间其他员工2012年4月至2012年5月围护车间生产日报表中的产量相比，张某2012年4月至2012年5月的产量比同期其他员工的产量低。

且G公司提交的围护车间生产日报表均为员工自己填写，张某并没有提交相反证据。因此，根据《最高人民法院关于民事诉讼证据的若干规定》第二条的规定，张某应承担举证不能的不利后果，应采信G公司提交的围护车间生产日报表，确认张某2012年4月、5月的生产效率低下。

张某生产效率低下，G公司调整其工作岗位符合规定，张某不服从工作岗位安排，擅自操作其他机器，是不服从生产管理和严重违反劳动纪律的行为，严重影响了生产管理秩序，G公司以张某严重违反劳动纪律，依据员工手册相关规定，对张某给予第二次严重书面警告处理符合规定。

【2015年上海市关联判例】

法院认为：用人单位有权依据其劳动规章制度或双方的书面约定调整劳动者工作内容和工资报酬。然而，为了防止用人单位用工自主权的滥用，用人单位在对员工进行奖惩前应当通过明示的方式让员工对其工作职责、权利界限有明确的认知并能通过相关的制度对其行为后果产生合理预期。然而本案中，L超市在本院审理期间未提供充分证据证明刘某所在岗位的具体职责，以及已经向刘某明确告知了备货及销售指标的具体要求和考核办法，仅凭在案证据，尚不能认定刘某存在足以降职降薪的重大违纪行为。

五、工资福利与薪酬调整

单方调岗后的单方降薪技巧

1. 案例分析

【案情】

A 公司采购部经理刘某因上半年不能胜任工作，下半年被降为采购部副经理。8 月，刘某领取工资的时候发现工资由原来的 1 万元变为 7800 元，于是提出异议。公司解释说，这是根据采购部副经理岗位的工资标准发放的，工资内部的薪酬级别表有明确规定。刘某抗辩说，自己从未看过薪酬级别表，也不知道副经理的工资标准，而且劳动合同约定的和实际发放的应发工资都是 1 万元，公司从未与本人协商过调整工资，所以即使公司调整岗位，也应该继续按 1 万元发放工资。双方无法协商，随后刘某申请劳动仲裁。

【分析】

假设刘某所说的都是客观事实，请问公司的解释是否成立？肯定不成立。如果成立，公司完全可以事先修改内部的薪酬标准，如把副经理的工资标准修改为 3000 元，强迫刘某离职。

员工不能胜任工作，企业可以单方调整工作岗位，前面已有分析，不再赘述。调岗后能否降薪？劳动法律、法规并没有规定岗位与工资一一对应或者调岗必然调薪，所以这个做法在法律上没有直接依据。虽然法律没有规定该做法，但如果法律没有禁止该做法，且该做法公平合理、不损害国家与第三人利益、不违反公序良俗，只要双方约定，该做法就成立，就能得到法律的认可与保护。从管理角度看，岗位与工资两者一一对应，岗变薪变，薪随岗变，是非常公平合理的。例如，政府机构的一个厅长犯了错误被贬为科长，要不要执行科长的待遇？答案是肯定的。所以，劳资双方可以事先约定，岗位与工资两者一一对应，岗变薪变，薪随岗变。

需要特别注意的是，这个做法要写在合同或协议中，不能单独写在规章制度上。《最高人民法院关于审理劳动争议案件适用法律若干问题的解释（二）》（法释〔2006〕6号）第十六条规定：用人单位制定的内部规章制度与集体合同或者劳动合同约定的内容不一致，劳动者请求优先适用合同约定的，人民法院应予支持。此条款表明，在制度与合同存在不一致的情况下，合同的效力更高；或者由劳动者决定。

这个做法写在合同或协议上，意味着合同约定工资标准并不是永久的，它会随着岗位的调整而变动。做法若单独写在制度上，就不符合合同的约定了。也许有企业说，我们虽然给员工1万元工资，但合同上写的是3000元，超出3000元的部分企业可以随意调整。在前面"调岗"的内容中已经分析过，员工随时可以用"超过一个月，事实上已变更"的观点反驳企业。

此外，还有一个问题需要解决：降多少？如果企业无法证明新岗位的工资标准，就很难操作，如在刘某的案例中，企业无法证明副经理岗位工资7800元是客观真实的，那么究竟要降多少就不清楚了，刘某可能主张最多降500元。此时，主动权就会在仲裁员或法官的手上。

总的来说，调岗降薪需要满足以下3个条件：

（1）企业应证明员工不能胜任工作；

（2）双方事先约定"岗变薪变，薪随岗变"；

（3）企业应证明新岗位的工资标准是真实客观的。

2. 如何对违纪违规及工作失职降薪

原理与前面一样，事先约定：什么情况下，怎么调（往上还是往下），调多少（比例、幅度或金额）。通常，员工犯了哪些错误，企业给予哪些处分，都要写在制度上。制度不能对抗合同，所以要在合同中约定：当出现规章制度规定的可以调岗调薪的情形时，甲方有权调整乙方的岗位与薪酬。目的就是通过双方的约定，让企业的规章制度起到变更劳动合同的作用。

已离职员工能否享受年终奖

员工离职后企业才发放在职员工的年终奖，离职员工能否要求企业补发年终奖？

对于这个问题，理论界与实务界一直以来存有较大的争议。多年来，我见过的司法观点有以下几种。

1. 内部制度有规定的情况下

（1）企业发放在职员工年终奖，意味着年终奖属于员工应得劳动报酬的一部分。只要离职员工过去一年的业绩达标，就有权与在职员工一样享受年终奖，即使企业内部规定只发给在职员工。另外，企业内部关于"年终奖只发给在职员工，离职员工无权享受"的规定排除了员工的权利，免除了企业的义务，属无效条款。

（2）企业发放在职员工年终奖，意味着年终奖属于员工应得劳动报酬的一部分。工作不满一个自然年度的员工，也有权按时间比例享受部分年终奖。企业内部关于"年终奖只发给工作满一个自然年度的在职员工"应属无效条款。

（3）法律并未规定年终奖属于必发的劳动报酬的一部分，劳动仲裁委与人民法院应充分尊重企业的内部规定，严格依据企业的内部规定进行裁判。只要企业内部规定了"年终奖只发给工作满一个自然年度的在职员工"，工作不满一个自然年度或已离职的员工将无权享受，企业没有补发的义务。

2. 内部制度没有规定的情况

（1）年终奖问题，在企业内部没有任何规定，双方也没有任何约定的情况下，与前述"（1）""（2）"一样，企业应补发全部年终奖或按时间比例补发部分年终奖。

（2）年终奖问题，在企业内部没有任何规定、双方也没有任何约定的情况下，应充分尊重企业的单方决定，企业有权单方决定向谁发放及如何发放，劳动仲裁委与人民法院不应干预（意味着劳动者败诉）。

（3）年终奖问题，虽然在企业内部没有任何规定，双方也没有任何约定，但多年来企业每年均有发放，意味着双方事实上已约定企业每年必发年终奖，或意味着年终奖是以年度为发放周期的固定的劳动报酬的组成部分（即企业败诉）。

从多年的实践来看，我认为，如果内部制度规定年终奖是一种内部福利，且规定由企业单方决定是否发放，也规定只发给在职员工，那么离职员工的胜诉概率会大大降低，但这种表述可能会影响员工的积极性。

有些企业把年终奖这个名称改成"在职员工激励奖"，意味着只发给在职员工，与离职的员工没有任何关系。

【2017 年广州市关联判例】

法院认为：关于 P 公司应否支付刘某 2016 年年终奖的问题。年终奖属于公司对员工提高工作积极性的一种奖励手段，一般根据公司经营状况与员工工作表现予以发放，与劳动报酬的性质并不一致，除非双方明确约定或公司有明确文件规定了年终奖的发放标准，否则用人单位有权根据自身经营状况和劳动者具体表现，决定是否发放年终奖及如何发放年终奖。

如上所述，年终奖属于对员工的一种激励机制，是否发放年终奖属于企业经营自主权的合理范围，依法应当予以尊重。本案中，P 公司主张公司并不存在必须发放年终奖的规定，刘某亦未对其主张的年终奖提交相关证据予以证明，刘某要求 P 公司支付年终奖的依据不足，一审法院对其该项诉讼请求不予支持并无不当，本院予以维持。刘某上诉请求改判 P 公司支付其年终奖的理据不充分，本院不予支持。

【2014 年苏州市关联判例】

法院认为：原、被告双方在劳动合同、劳动合同补充协议书以及员工手册中，均未对发放年底双薪与年终奖予以明确约定，且原告在庭审中也对未具体约定的事实予以认可。虽然在 2013 年前，被告曾连续多年向原告发放年底双薪及年终奖，但在用人单位与劳动者未明确约定必须发放年底双薪及年终奖的情况下，之前发放过此类奖金并不能要求用人单位之后也必须发放。被告在计算原告离职补偿的平均工资标准时，将 2012 年年底双薪及年终奖包括在其中的原因在于，年底双薪及年终奖在实际发放给原告以后，就属于原告的薪资收入，所以在计算原告离职补偿的平均工资标准时理应包括，但因原、被告双方并未对年底双薪及年终奖予以明确约定，故在被告未决定发放 2013 年年底双薪及年终奖之前，年底双薪及年终奖并不必然属于原告应获得的劳动报酬。

【2017 年北京市关联判例】

法院认为：根据相关规定，"工资"是指用人单位依据国家有关规定或劳动合同的约定，以货币形式直接支付给本单位劳动者的劳动报酬，一般包括计时工资、计件工资、奖金、津贴和补贴、延长工作时间的工资报酬以及特殊情况下支付的工资等。年终奖是用人单位根据全年经济效益和对员工全年工作业绩的综合考核情况而发放的一次性奖金，属于合法劳动报酬的范畴，不只是用人单位激励员工、留住人才的手段，用人单位不得无故拖欠或克扣。

本案中，K 公司发放了 2015 年度年终奖，但没有向陈芳支付年终奖。K 公司不支付的理由有二：一是陈芳在发放年终奖之前申请离职，不符合员工手册关于年终奖发放条件的规定；二是陈芳年终评级为 PL5 级，而该级没有年终奖。在劳动关系中，劳动者提供劳动，用人单位支付工资是各自的主要义务。现 K 公司的该项规定实际是 K 公司免除自身法定责任，排除陈芳权利的规定，应属无效条款。K 公司仍有向陈芳支付年终奖的责任。

【2016 年上海市关联判例】

法院认为：用人单位应当依法建立和完善规章制度，保障劳动者享有劳动权利和履行劳动义务。H 公司和张某签订的劳动合同第 4.1.1 款工资约定，张某被录用后每月基本工资 33000 元（税后），固定 12 个月薪水，年底 3 个月浮动年终奖。劳动合同对年终奖的具体支付情况未约定。

年终奖是用人单位根据全年经济效益和对员工全年工作业绩的综合考核而发放的一次性奖金，属于劳动者的合法劳动报酬，而不只是用人单位激励人才，留住人才的手段。H 公司员工手册关于工作不满一年及离职员工不享有年终奖的规定实际上是公司免除其法定责任，排除劳动者权利的约定，违反法律规定，应属无效条款。

【2014 年深圳市关联判例】

法院认为：关于双方争议的第十一项问题，年终双薪。J 宝公司的员工手册规定了年终奖金，双方确认年终奖金即年终双薪，且在职期间每年均有发放，故年终双薪应视为以年为周期固定发放的工资组成。J 宝公司虽辩称郑某离职时未至年终双薪发放周期故不予发放，于法无据，本院不予采纳。J 宝公司应按照郑某实际工作时间折算计发其 2013 年年终双薪，原审就此数额计算正确，本院予以支持。

年薪制的法律风险防控

1. 案例分析

【案情】

2010 年 10 月，某消防工程公司招聘了一名总工程师张某。入职当日，双方签订为期 10 年的劳动合同，约定：乙方年薪为 30 万元，每月预发 1 万元，每月预留 5000 元，待乙方工作满三年后逐月返还，剩余 12 万元根据年度考核结果支付。2013 年 1 月，张某以拖欠工资为由提出被迫解除劳动合同。

【分析】

"每月预留 5000 元，待乙方工作满 3 年以后逐月返还"，企业的目的是什么？留住员工，让员工不想走、不敢走，但是这种做法被认定拖欠工资的概率非常高。通常情况下，年薪余额应该在明年春节前后结清，最迟延发至明年上半年，否则就不是年薪了。

最安全的做法是：约定乙方每月固定工资为 1 万元，年度业绩达标的，另外享受额外奖励 12 万元；做满 3 年的，从第四年开始，每月增加 5000 元工资；做满 ×× 年（如 6 年）的，另外支付额外奖励 18 万元。6 年下来，员工的收入是一样的；后面的 18 万元其实就是前面 3 年每个月 5000 元的总和。这种方式我们称为"加法"，满足一定条件则增加一些报酬；案例中的方式称为"减法"，出现某些问题的就扣发报酬。不少判例表明，"减法"方式存在一定的风险。

再看一种"减法"的情形，很多企业与新员工谈工资报酬，很喜欢这样表述："您每个月的工资为 10000 元，但平时先发 8000 元，剩余的

2000 元留到年底结算，年度考核达标的将予以发放。"这种表述也存在极大的风险，如果表述为"每个月工资为 8000 元，年度考核达标的将给予额外奖励 24000 元"，风险就大大降低了。

企业之所以喜欢使用"减法"，是为了招聘时能招到想要的员工。很多 HR 从业者和我说，打出"每月 10000 元"就能招到价值 10000 元的人才，打出"每月 8000 元"只能招到价值 8000 元的人才。是站在"管理与效率"的角度看问题，还是站在"法律与风险"的角度看问题，由各位读者衡量与取舍！

另外，年薪制还存在一个与年终奖类似的法律风险，就是未做满一年而中途离职的员工，可否要求按时间比例享受年薪余额？这个问题也是存在争议的。站在风险预防的角度，企业应规定"中途离职的员工无权享受"，但最终是否成立要看仲裁员与法官；或者使用"加法"的方式进行约定，当然，双方要事先沟通。

【2013 年北京市关联判例】

法院认为： 2012 年 3 月 1 日，B 学校与关某签订期限从当日至 2013 年 3 月 1 日的为期一年的聘任书。上述聘任书中明确约定关某的年薪为 24 万元，每月支付 1 万元，其余工资于一年聘任期满后付清。学校在 2012 年 3 月 1 日至 2012 年 8 月 31 日已支付关某工资 6 万元。B 学校于 2012 年 6 月 1 日虽作出降低关某工资的决定，但该决定并未实际履行，且 B 学校对作出该决定的依据未能向本院提供相应的证据予以证明，故该决定不能作为降低关某工资的依据。

上诉人 B 学校主张关某应通过为期 3 个月的考察并正常履行完为期一年的聘用，才能享受上述聘任书中约定的年薪 24 万元。因该聘任书中并没有上述约定，故本院对 B 学校的此项主张不予采信。现关某要求 B 学校向其支付上述期间的工资差额 6 万元，依据充分，本院应予支持。

【2014年杭州市关联判例】

法院认为：金某虽在L公司工作未满半年，但双方的该约定仅明确在年终一并发放，并未约定工作未满一年不予发放，因金某已发函要求解除劳动合同，L公司应及时将该部分报酬支付给金某。根据补充协议的上述约定，综合考虑金某入职时间和金某 2013 年 2 月、3 月的实际出勤情况，原审法院确定 L 公司支付金某相应工作时间剩余工资 20000 元（100000 × 60% / 12 × 4）。

2. 合同条款分析

【案情】

某企业计划一年内从珠海搬迁到广州，为了吸引员工，企业与员工定了一个书面约定。条款原文：甲方负责乙方由珠海往广州上限 6000 元之搬迁费用。如果乙方在搬迁后 12 个月内离职，乙方须全数赔偿甲方已支付的所有搬迁费用给予甲方。

【分析】

条款原文的第一句话没有问题，但第二句话存在限制员工自由流动与自主择业的权利，有一定的风险。经与该企业沟通，我给了修改意见，把"减法"变为"加法"。

修改稿：乙方由珠海前往广州甲方处，且在甲方处工作满 12 个月，甲方将承担乙方的搬迁费 6000 元；乙方到广州甲方处工作后 1 个月内甲方预先支付此费用给乙方，如乙方未做满 12 个月而中途离职，应全额退回此费用给甲方。

【2014年绍兴市关联判例】

法院认为：双方对被告工作期间应得业务提成29372.10元的事实没有异议，现双方主要争议的焦点是该提成是否因被告工作不足一年离职而免除原告的支付义务。本院认为，首先，提成是工资的一部分，工资是对劳动者完成一定劳动所给的报酬，存在与一定数量的劳动或成果的对应关系，体现了权利和义务、付出和回报的平衡对等，按约定的标准及时支付工资是用人单位的基本义务；其次，劳动合同的约定应符合劳动法律、法规的规定。《劳动合同法》第三十七条规定，劳动者提前三十日以书面形式通知用人单位，可以解除劳动合同。该法条的规定，赋予了劳动者解除劳动合同的单方预告解除权，保证劳动者的人身自由不受限制，用人单位如在劳动合同中设定违约金条款、克扣工资奖金的条款以限制劳动者行使上述解除权的，相关的条款应属无效。

本案在双方签订的劳动合同中，设定了被告工作不足一年离职，视为放弃提成的限制劳动者解除劳动合同的单方预告解除权的条款，该条款的约定限制了劳动者的合法权利，应属无效。被告未遵守上述无效约定而离职，原告不得以此为由扣发被告的提成工资。

【2014年上海市关联判例】

法院认为：J公司以《2012年业务员工资制度》作为计算陈某业务提成依据之一，陈某否认看过上述规章制度，J公司又没有证据可以证实已对该文件进行了公示，应承担举证不能的法律后果。陈某完成的销售任务，虽然在双方劳动关系存续期间，客户货款还没有全额进入J公司账户，尚未具备获取业务提成款的条件，但鉴于J公司与陈某终止劳动合同，陈某不再为J公司提供劳动即离开了J公司，其难以掌握客户单位有关汇款信息，为了保障陈某依法享有获取劳动报酬的权利，陈某主张J公司支付全部提成款，理由正当。如果出现客户没有支付货款的情形，J公司可以通过合法途径予以追索，从而维护自身的合法权益。

加班费的法律风险防控

关联法条

《劳动法》

第四十四条 有下列情形之一的，用人单位应当按照下列标准支付高于劳动者正常工作时间工资的工资报酬：

（一）安排劳动者延长工作时间的，支付不低于工资的百分之一百五十的工资报酬；

（二）休息日安排劳动者工作又不能安排补休的，支付不低于工资的百分之二百的工资报酬；

（三）法定休假日安排劳动者工作的，支付不低于工资的百分之三百的工资报酬。

《最高法院关于审理劳动争议案件适用法律若干问题的解释（三）》

第九条 劳动者主张加班费的，应当就加班事实的存在承担举证责任。但劳动者有证据证明用人单位掌握加班事实存在的证据，用人单位不提供的，由用人单位承担不利后果。

1. 案例分析

【案情】

王某所在的外资公司对于加班事宜有明确规定："公司不提倡加班。若因工作需要，确实需要加班的，员工须向其主管书面提交加班申请，由主管签字同意后，方可加班。"王某因所在岗位为财务工作，每月提交财务报表之前的几天，工作繁多且任务紧迫，为了及时完成报表工作，王某就在下班后加班。

王某觉得每次加班都打书面报告太麻烦，而且自己加班，单位领导都是知道的，自己的考勤卡上也有加班的时间记录，因此一直没有书面申报。2016年年底，王某劳动合同期满，公司未与其续签，王某对此非常不满，即申请劳动仲裁，要求公司支付过去在职期间3年来的加班工资。

公司认为，所有加班都需书面申请并获得主管签字同意，王某未履行审批手续且公司亦未安排王某延时工作，王某的加班纯属个人行为，因此公司无须支付王某加班工资。

【分析】

结合《劳动法》第四十四条的规定，企业内部规定"加班必须报批，否则无效"并无不妥。但是在司法实践中，此做法不是绝对成立的，否则企业可以变相地强迫劳动者加班。例如，企业安排超量的工作给劳动者，相关工资报酬和绩效结果挂钩，但企业坚决不批准加班，劳动者为了避免被扣绩效工资，不得不主动加班。从公平合理的角度看，如果工作量大，仲裁员或法官会考虑让企业支付加班费；如果工作量大小说不清，员工效率高低说不清，企业的胜诉概率很高。但是，不管将来经办案件的仲裁员和法官怎么理解与认定，从预防法律风险的角度出发，企业内部应该规定"加班必须报批"。

需要注意的是，有些员工下班后不回家，也不打下班卡，而是逗留在工作场所，晚上八九点钟离开的时候才打卡。对于这种员工，公司高层要加强管理：**确实不是加班的必须先打卡再逗留，确实要加班的则应履行报批手续。**

【2013年深圳市关联判例】

法院认为：关于加班事实问题，被上诉人已经提供考勤记录为证，上诉人没有提供证据反驳，仅以公司存在加班审批制度，被上诉人没有加班审批记录即可推断没有加班的事实作为理由，此理由于法无据，原审法院不予采纳是正确的。被上诉人确实存在加班事实，上诉人应向被上诉人支付加班工资，上诉人请求无须支付的主张，本院不予支持。

2. 加班费案件的应对

过往十年，追讨加班费的劳动争议案件非常多。遇到此类问题，用人单位如何应对？

（1）即使《劳动争议调解仲裁法》规定，劳动者离职后一年内均可以追讨在职期间被拖欠的劳动报酬，用人单位还是要主动提出抗辩观点："**劳动者立案前一年以前的诉求已经超过法定的仲裁时效，请无条件驳回。**"这个抗辩观点未必成立，有一定的风险，最终要看法官的理解与倾向！

（2）关于举证期限问题，用人单位应提出"**劳动者立案前两年前的诉求，由劳动者承担举证责任**"，举证不能的应承担败诉后果。此观点是过往数年来很多判例认可的，成立概率比较高。

（3）**研究劳动者的证据是否成立与充分。**司法解释规定劳动者有义务举证证明其存在加班的事实。

需要注意的是，不少企业为了打赢官司，喜欢调整考勤数据，打印出来后提交给仲裁机构或人民法院，这个做法涉嫌伪造证据，风险非常大！除了判决企业败诉外，人民法院还可以对企业进行罚款（5万～100万元不等），甚至对相关人员进行司法拘留。所以，不要伪造证据！

【2014年南京市关联判例】

法院认为：肖某并非属于高级管理人员，作为用人单位，在保存年限（2年）内的考勤记录应该由其掌握、管理，并由其提供。若用人单位不能提供肖某的考勤记录，应承担举证不利的后果。

3. 加班费风险防控建议

（1）规章制度、劳动合同或补充协议应该明确加班必须报批，否则无效。

（2）对于存在固定加班的岗位，事先约定固定加班时间与固定加班费。例如，在标准工时下，某岗位每周上班6天，每天8小时，月应发工资总额为5000元，那么企业应该核算正常时间（5天）内工资是多少，第六天的加班费是多少，并在面试环节和员工说清楚5000元中包含了多少加班费，及在入职环节和员工进行书面确认，避免日后扯皮。

（3）对于存在不固定加班的岗位，可事先约定每月预发加班费多少钱，日后员工有异议的则多退少补；对于拿年薪者，事先约定工资总额已经包括了相关的加班费。如果仍存在其他加班情况，尽量事先约定加班费计算基数（不得低于当地最低工资标准）。但有些地方是不允许双方随意约定的，如北京、天津与山东的地方文件规定，加班费基数为正常时间内的工资总额，上海市亦有特别规定，建议各位读者向当地劳动部门了解清楚。

（4）定期（月度或季度）统计、汇总之前的考勤情况，让员工签字确认。

（5）年终进行相关福利待遇、费用款项结算的时候，让员工签署年度工资报酬、福利待遇结清确认书。

需要注意的是，**只有周末的加班才可以补休，工作日及法定节假日的加班是不能补休的。**现实中，对于工作日晚上的加班，很多企业是安排员工事后补休的。如果非要这样做，建议让员工书面申请补休，以减轻企业的主观过错，降低企业补发加班费差额的概率。

下班后在企业内部开会、培训，理论上属于工作行为，属于加班，但是发生争议的话，要看仲裁员或法官的理解与倾向。我们处理过不少这类案件，有输有赢。

【2014年南京市关联判例】

法院认为：对于与企业约定年薪制的企业高级管理人员、高级技术人员等，以及难以用标准工时衡量工作时间、劳动报酬而与用人单位约定实行较高年薪制的劳动者，主张加班工资的，不予支持。陈某与B公司约定年薪为10万元，对其主张加班工资诉请，法院不予支持。

值班等同于加班吗

对于值班，国家的法律、法规、规章并没有相关规定。值班方面的观点仅出现在部分地方法院的审判指导文件中，审判指导与柜关判列原则上不认可值班属于加班，不支持劳动者索赔加班费，但应支付适当、合理的待遇。相关观点大概如下：

因单位安全、消防、假日等需要担任单位临时安排或制度安排的与劳动者本职工作无关的工作，属于值班；

单位安排劳动者从事与其本职工作有关的任务，但期间是可以休息的，亦属于值班。

对于上述值班情况，劳动者主张加班工资的，一般不予支持；但劳动者主张按照劳动合同、规章制度、集体合同或惯例等支付相应待遇的，应予支持。

从多年的实践来看，我认为，企业应在劳动合同或规章制度中明确值班的情形及待遇标准，待遇标准尽量不低于当地最低工资标准。

【2014年河池市关联判例】

法院认为： 关于某某银行河池分行应否向罗某某支付超过标准工作时间的劳动报酬820231.7元的问题，罗某某的工作时间主要是守库时间和临柜工作时间，而临柜工作时间的工资，罗某某已按月足额领取。罗某某主张超过标准工作时间主要就是守库的时间，因守库时间非加班时间，且某某银行河池分行已经按照双方约定的标准支付了每晚守库20元的报酬给罗某某。罗某某再请求支付报酬没有事实与法律依据，本院不予支持。

关于某某银行河池分行应否向罗某某支付法定节假日安排守库的加班费43848元的问题。根据上文论述，守库不是加班，且守库的每晚补助20元罗某某已足额领取，罗某某再请求所谓的节假日守库加班费没有事实与法律依据，本院亦不予支持。

【2014年天津市关联判例】

法院认为：关于夜班津贴一节，因夜间值班是基于用人单位安全、消防、假日等需要，临时安排或根据制度安排与劳动者本职无关联的工作，或虽与劳动者本职工作有关联但值班期间可以休息的工作，一般为非生产性的责任，申某在职期间，Y公司安排其值班，已经支付补贴，申某主张夜班费并无法律依据，不予支持。

其他与工资有关的法律风险

1. 工资总额

工资总额到底包括哪些？理论界众说纷纭，实务界也是见仁见智。我们的判断标准：第一，政策法规文件规定了属于工资总额项目的，肯定纳入工资总额；第二，政策法规文件规定不属于工资总额的，则不算进去；第三，发给员工的钱，如果需要以工资的形式缴纳个人所得税，也纳入工资总额，如过节费，从管理角度看属于企业内部的福利，但是从税务角度看，应该缴纳个人所得税，所以应该属于工资总额。有兴趣的读者可以查阅《关于工资总额组成的规定》《关于工资总额组成的规定若干具体范围的解释》。

在司法实践中，劳动者凭发票报销的费用，原则上不纳入工资总额，但是如果有证据证明该费用本质上是劳动者的应得工资（如业绩提成），那么用人单位的法律风险是必然存在的。另外，如果每个岗位每个月报销的费用是固定的（如专员500元、主管1000元、经理1500元等），劳动者只要拿发票即可报销，那么此做法很可能被认定为变相发放工资报酬，即该费用很可能被认定为工资报酬。

【2017年杭州市关联判例】

法院认为：关于周某主张的福利费19580元，G旅游公司对欠付福利费数额并无异议，只是认为周某没有提交发票。二审期间，G旅游公司陈述福利费是按月固定数额发放的，提交发票并非据实报销，据此，本院认为该福利费并非报销款项，即使周某未提交发票，G旅游公司仍应按其确认的数额予以发放，周某上诉请求中合理部分本院予以支持。

2. 试用期的工资支付风险

前几年，某企业发生过这样的案例：新员工的试用期工资为 2000 元，转正后调到 3000 元。过了几个月，员工不做了，突然申请劳动仲裁，主张试用期间企业少发 400 元 / 月，后来员工胜诉了。

《劳动合同法实施条例》第十五条规定："劳动者在试用期的工资不得低于本单位相同岗位最低档工资的 80% 或者不得低于劳动合同约定工资的80%，并不得低于用人单位所在地的最低工资标准。"劳动仲裁委应该认定3000 元为劳动合同约定的工资标准，进而推定试用期未足额支付工资。所以，给转正后的新员工涨工资不能一步到位，不能涨太多，要符合 80% 的规定。在这个案例中，试用期为 2000 元，转正后最高给到 2500 元，超过2500 元就存在风险。

3. 支付条件更重要

站在法律的角度，工资制度规定的工资项目有哪些并不重要，重要的是需写清楚每个项目的含义是什么、什么条件下才予以支付、什么条件下员工不得享受，而且尽量避免理解上存在歧义。例如，企业规定支付某项福利待遇的条件是"正常出勤"，但不清楚是"视同出勤"还是"实际出勤"。因为国家劳动部《工资支付暂行规定》第十条规定："劳动者在法定工作时间内依法参加社会活动期间，用人单位应视同其提供了正常劳动而支付工资。社会活动包括：依法行使选举权或被选举权；当选代表出席乡（镇）、区以上政府、党派、工会、青年团、妇女联合会等组织召开的会议；出任人民法庭证明人……"。

4. 工资结构应体现三大价值

三大价值属于管理上的理论，不是法律上的观点，与法律风险的预防存在一定的关联性。三大价值指岗位价值、个人价值与贡献价值。

稍具规模的企业都会设置不同的部门，少则三五个，多则十几个。但是每个部门的职责是不一样的，意味着该部门在企业组织架构中的地位、价值及含金量也不一样，所以不同的部门经理拿的工资是不一样的，这就是岗位价值，和岗位上的人没关系。

基层岗位上的人数可能很多（如工厂的生产工、饭店的服务员），但是相同岗位上的不同员工的收入也会不一样，为什么？因为他们的学历、上岗证、资格证、工龄、技能、经验不一样，从而导致工资不一样，这就是个人价值的体现，是人的综合能力、水平的反映，与人所在的岗位无关。

贡献价值，顾名思义就是和员工的工作产出、工作结果、工作贡献挂钩的工资报酬，这个工资报酬原则上是浮动的。

理论上，工资体系（含工资总额和工资结构）的设计应符合三大价值这个原理，否则工资体系肯定不合理、不科学。

劳动者不能胜任工作，意味着贡献价值不达标，也间接说明个人价值很可能不达标，此时给其降薪，符合公平合理的原则。日后发生降薪争议，企业除提出法律上的抗辩观点外，还可以提出此三大价值理论，以增强企业的说服力。

客观地说，企业同意按照约定标准支付劳动者工资报酬，内心都有一个前提——员工按时按质按量完成工作任务，没有企业会乐意无条件支付工资报酬给无法胜任工作的员工。在这里，送给各位读者一个可以写在劳动合同上的条款："**基于乙方胜任某岗位或者某工作，甲方支付给乙方的工资报酬为 ×× 元 / 月**"。这句话间接告诉员工：将来你不能胜任工作的，你的工资未必有那么多。这句话为将来的降薪做好了铺垫。

六、工作时间与
休息休假

每周6天，每天7小时，到底加班了几小时

《关于职工工作时间有关问题的复函》（劳部发〔1997〕271号）

一、企业和部分不能实行统一工作时间的事业单位，可否不实行双休日而安排每周工作六天，每天工作不超过6小时40分钟？

根据《劳动法》和《国务院关于职工工作时间的规定》（国务院令第174号）的规定，我国目前实行劳动者每日工作8小时，每周工作40小时这一标准工时制度。有条件的企业应实行标准工时制度。有些企业因工作性质和生产特点不能实行标准工时制度，应保证劳动者每天工作不超过8小时、每周工作不超过40小时、每周至少休息一天。此外，一些企业根据生产实际情况还可实行不定时工作制和综合计算工时工作制。

很多企业认为此情况下的加班时间为2小时。其实，这是有前提条件的。如果在标准工时制下，此情况属于加班一天，而在以星期为周期的综合工时制下则属于加班2小时。

只要同时符合以下3点要求就属于标准工时制：每天工作不超过8小时，每周工作不超过40小时，每周至少休息一天。也就是说，在没有经过批准综合工时制的情况下，符合这3个条件就属于标准工时制。

企业需要注意以下几点。

（1）如果每周上班7天，即使每天工作时间累计不超过4小时，第7天肯定属于加班，而且属于违反法律规定。因为《劳动法》规定，每周必须安排一天（连续24小时）让员工休息。

（2）每周上班 4 天，每天 9 小时，即使每周工作不足 40 小时，也会被认定每周存在 4 小时的加班时间，除非申请了综合工时制。标准工时制下，员工正常要上 5 天班，但企业安排员工上 4 天，休 3 天，多休的一天应视为企业自愿送给员工的；而这 4 天班中每天上 9 小时，即晚上多上 1 小时，这 1 小时极有可能被认定为加班。

工作日停电休息，能否把周末改为正常上班日

关联法条

《国务院关于职工工作时间的规定》（国务院令第 146 号）

第三条　职工每日工作 8 小时，每周工作 40 小时。

第五条　因工作性质或者生产特点的限制，不能实行每日工作 8 小时、每周工作 40 小时标准工时制度的，按照国家有关规定，可以实行其他工作和休息办法。

第七条　国家机关、事业单位实行统一的工作时间，星期六和星期日为周休息日。企业和不能实行前款规定的统一工作时间的事业单位，可以根据实际情况灵活安排周休息日。

　　某小型工厂因供电部门问题，周二需停电一天，该工厂决定周二休息，改为周日上班，此做法成立吗？原则上没问题。《国务院关于职工工作时间的规定》第七条规定得很清楚，只要每周安排员工休息两天就可以。由于生产经营或社会公共服务的需要，很多企事业单位每天要正常营业，他们对员工的工作时间安排原则上采用轮班制，每天都有员工上班，也有员工休息。这个做法只要在招聘简章、入职须知、规章制度或劳动合同中事先写清楚，就不会出现歧义。

综合工时制遇上法定节假日

案例分析

【案情】

劳动部门批准某公司实行以季度为周期的综合计算工时工作制，即综合工时制，明确规定一个季度内的总工作时间为500小时。2016年第二个季度出现了3天的法定节假日：清明节、劳动节、端午节。该公司问，这3天法定节假日是否包括在500小时内？如果包括，那么员工的实际工作时间不足500小时；如果不包括，那么每个季度内员工都要老老实实地工作500小时。

【分析】

综合工时制指的是分别以周、月、季、年等为周期，综合计算工作时间，平均工作时间和平均周工作时间都和法定标准工作时间基本相同。

由《全国年节及纪念日放假办法》（国务院令第513号）可知：

年工作日公式：365天/年–104天/年（休息日）–11天/年（法定休假日）=250天/年

季工作日公式：250天/年÷4季=62.5天

月工作日公式：250天/年÷12月=20.83天

工作小时数的计算公式：工作日（月、季、年）×8小时

其中季度工作小时数：62.5天×8小时/天=500小时，这意味着500小时是员工实际出勤、实际工作的时间，而不是计薪时间。当然，由于那三天法定节假日是带薪的，所以这个季度内公司除了支付正常的工资外，还要额外支付那三天的正常工资。

不定时工作制是否存在加班

关联法条

《关于职工工作时间有关问题的复函》(劳部发〔1997〕271号）

八、实行不定时工作制的工资如何计发？其休息休假如何确定？

对于实行不定时工作制的劳动者，企业应当根据标准工时制度合理确定劳动者的劳动定额或其他考核标准，以便安排劳动者休息。其工资由企业按照本单位的工资制度和工资分配办法，根据劳动者的实际工作时间和完成劳动定额情况计发。对于符合带薪年休假条件的劳动者，企业可安排其享受带薪年休假。

案例分析

【案情】

老刘是A科技公司的高级业务经理，是A公司的核心老员工，工作时间比较机动。2013年至今，A公司为老刘所在的业务岗位及其他高管岗位持续申请了不定时工作制，劳资双方对此还签订了协议。2017年5月，集团"空降"了总经理到A公司。后总经理大力整顿A公司，发文要求全体人员（包括不定时岗位）次月起每天按时（9点）上班且必须打卡考勤，否则严格按照考勤制度处罚。由于多年的习惯及外出工作的需要，老刘经常忘记打卡或无法准时打卡，数月下来先后被警告了多次。11月，公司以多次迟到、多次旷工达到严重违纪为由解雇了老刘。老刘表示自己并不存在迟到及旷工的情况，因为其负责的业务需要经常外出，且自己的岗位是不定时工作制，如果按标准工时制执行的话，那么公司应支付其相应的加班费。

【分析】

不定时工作制的本质是，员工累计的工作量每天8小时左右，只是工作很难在一段固定的连续时间内完成，往往是分阶段、分时段完成的，员工很可能在早上、下午、晚上、深夜都需要工作或在部分时间段工作。如果劳动者有充分证据证明其工作时间客观上确实明显超出8小时，且此状态是经常性的，那么用人单位存在支付加班费的风险！因此，不定时工作制并不意味着用人单位可以无限制地要求员工随叫随到及任何时候都处于工作状态中。

本案中，老刘所在的岗位得到劳动部门的批准实行不定时工作制，而且双方对此进行了书面约定。公司后来要求老刘打卡考勤，法理上属于变更劳动合同，应征得老刘的同意；另外，如果按要求每天打卡考勤，老刘可以反过来主张加班费，反而对公司不利。

对于不定时工作制的员工，公司应加强绩效管理，通过工作计划、工作总结、工作汇报等方式进行管控。如果确实想执行考勤打卡，可以规定每天打卡一次即可，不应像标准工时一样打卡。

【2013年东莞市关联判例】

法院认为：虽然魏某实行不定时工作制，但是如其工作时间超过了国家法定的工时，K公司仍需向原告支付加班费。因此，本案的争议焦点：K公司是否足额支付了魏某2010年6月10日至2012年5月10日周六、周日以及法定节假日的加班费。

医疗期相关问题与虚假病假的有效防控

1. 病假、医疗期

病假是一个事实上的概念，只要生病且需要停工治疗或进行必要休息的，员工就可以休病假（当然，员工应履行形式上的请假手续）；医疗期是一个法律上的概念，是指员工在休病假期间用人单位不得以普通理由（指《劳动合同法》第三十九条以外的理由）解除劳动合同的那段期限。例如，一个刚参加工作的员工患病，需要停工治疗，其法定医疗期为 3 个月，期间用人单位不得以普通理由解除合同；3 个月后其病情未好转仍需继续治疗，此时用人单位可以依法解除，如果不解除的仍需让其休病假。

很多管理者认为，医疗期满劳动者仍需停工治疗的，单位可以按事假处理，这是错误的。员工医疗期满仍需停工治疗而无法工作的，用人单位要么依法解除，要么继续按病假处理，支付病假待遇。

医疗期的长短原则上和员工的累计工龄有关，也和其在本单位的工龄有关，具体请查阅 1994 年国家劳动部《企业职工患病或非因工负伤医疗期规定》。若地方有特别规定的从其规定，如 2002 年《上海市劳动者在履行劳动合同期间患病或者非因工负伤的医疗期标准的规定》有特别的规定。请各位读者自行查阅所在地方是否存在特别规定。

另外，对于特殊重大疾病，是否必须给足 24 个月的医疗期，存在一定的争议。有些人认为，应该无条件给足 24 个月医疗期才能做下一步的处理；有些人认为，在法定医疗期的基础上再给一倍的医疗期即可，如法定医疗期为 6 个月，那么再给 6 个月即可。

【2013年上海市关联判例】

法院认为：原劳动部颁布的《劳动部关于贯彻〈企业职工患病或非因工负伤医疗期规定〉的通知》（劳部发〔1995〕236号）第二条关于特殊疾病的医疗期问题的规定：……对某些患特殊疾病（如癌症、精神病、瘫痪等）的职工，在24个月内尚不能痊愈的，经企业和劳动主管部门批准，可以适当延长医疗期。本案中，原、被告劳动合同到期后，原告又两次住院治疗，说明原告的精神疾病在双方合同到期时，尚未痊愈，从原告工作中昏倒至合同到期也未满24个月，故被告应给予原告足够的医疗期，现原告要求恢复劳动关系，应予准许。因原告于2011年3月2日在工作中晕倒至2013年3月1日已满24个月，故判决原告与被告人力资源公司从2013年1月1日起恢复履行与原告的劳动合同，至2013年3月1日止。

【2012年南京市关联判例】

法院认为：关于医疗期问题。原审法院根据梁某的病情，认定病情严重，属特殊疾病，应当享受24个月的医疗期，符合原劳动部《关于贯彻〈企业职工患病或非因工负伤医疗期规定〉的通知》（劳部发〔1995〕236号）的内容。梁某患病尚在规定的医疗期内，劳动合同的期限应自动延续至医疗期届满为止。L公司于2011年3月7日通知梁某劳动合同终止，违反《劳动合同法》第四十五条的规定。

【2014年河南省关联判例】

法院认为：张某于2005年11月16日到M宾馆工作，2009年12月11日患病后未上班，对张某的医疗期为3个月还是作为特殊疾病延长至24个月的问题，根据原劳动部颁布的《企业职工患病或非因工负伤医疗期规定》，原两审法院按照张某的实际工作年限，认定其医疗期为 3 个月并无不当。原劳动部《关于贯彻〈企业员工患病或非因工负伤医疗期规定〉的通知》(劳部发〔1995〕236)号,"对某些患特殊疾病(如癌症、精神病、瘫痪等)的职工,在 24 个月内尚不能痊愈的,经企业和劳动主管部门批准,可以适当延长医疗期"。该规定是在职工实际参加工作年限和在本单位工作年限的基础上,享受 24 个月的医疗期尚不能痊愈可以申请延长的,并不意味着患有特殊疾病的医疗期都规定最少为 24 个月,张某在 M 宾馆工作尚不满 5 年,其主张医疗期为 24 个月缺乏事实和法律依据。

2. 病假或医疗期的待遇

这个问题原则上以地方规定为准。如果地方(如北京、辽宁、安徽、江苏、浙江、江西)文件规定由双方约定,双方可以约定具体的待遇标准,但不得低于当地最低工资标准的 80%(这是法定底线);如果地方文件规定了具体的执行标准,就按该标准执行(如上海、山东等);如果地方(如河北、天津、吉林、湖南等)文件规定按国家规定执行,可能按 20 世纪 50 年代的《劳动保险条例》及《劳动保险条例实施细则修正草案》执行,这两份文件规定劳动者工龄越长,病假待遇就越高。但是,现实中很多用人单位直接在规章制度或劳动合同中明确了自己内部的待遇标准,这个内部标准如果低于政策法规的标准,将存在补发差额的风险。

【2014 年孝感市关联判例】

法院认为:原、被告双方对徐某的医疗期为 10 个月无异议,本院予以确认。关于医疗期工资如何计算,《劳动部关于贯彻〈劳动法〉若干问题的意见》(劳部发〔1995〕309)号第五十九条规定,职工患病或非因工负伤治疗期间，在规定的医疗期内企业按有关规定支付其病假工资或疾病救济费，病假工资或疾病救济费可以低于当地最低工资标准支付，但不能低于当地最低工资标准的80%。该意见规定了企业发给职工的医疗期工资及疾病救济费的底线不得低于当地最低工资标准的80%，即2013年9月1日前不低于600元，之后不低于720元。根据《劳动保险条例实施细则修正草案》第十六条的规定，工人职员疾病或非因工负伤停止工作连续医疗期间在六个月以内者，应由该企业行政方面或资方按在本企业工龄已满四年不满六年者，病假工资为本人工资的百分之八十计算。故徐某前6个月的医疗期工资为9760.8元（2033.5×80%×6）。该意见第十七条规定，工人职员疾病或非因工负伤停止工作连续医疗期间超过六个月时，根据劳动保险条例第十三条乙款的规定，病伤假期工资停发，改由劳动保险基金项下，按月付给疾病或非因工负伤救济费，其标准如下：本企业工龄不满一年者，救济费为本人工资百分之四十；已满一年未满三年者，救济费为本人工资百分之五十；三年及三年以上者，为本人工资百分之六十。此项救济费付至能工作或确定为残疾或死亡时止。因此徐某后4个月应当领取疾病救济费4880.4元（2033.5×60%×4）。综上，被告湖北A公司应当给付徐某医疗期工资及疾病救济费共计14641.2元。

【2014年雅安市关联判例】

法院认为： 根据劳动部关于发布《企业职工患病或非因工负伤医疗期规定》的通知〔劳部发〔1994〕479号〕第三条"企业职工因患病或非因工负伤，需要停止工作医疗时，根据本人实际参加工作年限和在本单位工作年限，给予三个月到二十四个月的医疗期：（一）实际工作十年以下的，在本单位工作年限五年以下的为三个月……"的规定，原告杨某自 2005 年 5 月起至 2009 年 4 月 16 日停止工作医疗时，在 Y 公司工作年限不足 4 年，且在 Y 公司工作前在家务农，其实际工作年限不足 4 年，其医疗期应为 3 个月。根据《企业职工患病或非因工负伤医疗期规定》第五条"企业职工在医疗期内，其病假工资、疾病救济费和医疗待遇按照有关规定执行"，《劳动保险条例》第十三条"疾病、非因工负伤、残废待遇的规定：……工人与职员疾病或非因工负伤停止工作医疗时，其停止工作医疗期间连续在六个月以内者，按其企业工龄的长短，由该企业行政方面或资方给病假期工资，其数额为本人工资百分之六十至百分之一百……"《劳动保险条例实施细则修正草案》第十六条"工人职员疾病或非因工负伤停止工作连续医疗期间在六个月以内者，根据劳动保险条例第十三条乙款的规定，应由该企业行政方面或资方按下列标准支付病伤假期工资：已满二年不满四年者，为本人工资百分之七十"，《劳动法》若干问题的意见（劳动部〔1994〕309 号）第五十九条"职工患病或非因工负伤治疗期间，在规定的医疗期间内由企业按有关规定支付其病假工资或疾病救济费，病假工资或疾病救济费可以低于当地最低工资标准支付，但不能低于最低工资的 80%"之规定，杨某医疗期工资为 3 月 × 1708 元 / 月 × 70%=3586.80 元。

3. 虚假病假的预防与应对

前面提到员工请病假应履行形式上的手续，意思是指员工将病情及休假申请书面告知即可；因为大量的判例表明，企业不批准员工休病假的，需提供证据证明员工的病假资料不真实、不合法，否则仲裁员或法官原则上推定员工不上班期间属于病假或医疗期期间，这意味着企业的审批权并不是绝对的。因此，企业必须增加员工虚假病假的成本及收集可以反驳员工的证据。

【2017年北京市关联判例】

法院认为：首先，郝某某是否存在应休假的事由。郝某某主张其2015年7月1日至2015年9月23日期间休病假，并提交2015年6月29日门诊病历手册、2015年7月6日诊断证明书、2015年7月13日诊断证明书、2015年8月12日诊断证明书、2015年9月9日诊断证明书予以证明。D单位对2015年6月29日门诊病历手册的真实性不认可，但未提供证据予以反驳，对此应承担举证不能的不利后果。D单位对2015年7月6日诊断证明书予以认可，法院对此予以采信。D单位对2015年7月13日诊断证明书、2015年8月12日诊断证明书及2015年9月9日诊断证明书的真实性不认可，但未提供证据予以反驳。经法院调查核实，上述三张诊断证明的确为北京世纪坛医院出具。其次，郝某某是否履行了相关的请假手续。根据短信显示，郝某某已经向D单位提交了假条，根据2016年7月8日录音显示，赵某替郝某某到D单位提交假条未果。综上，D单位以郝某某旷工为由解除劳动合同缺乏事实及法律依据，应认定为违法解除劳动合同。

【2014年上海市关联判例】

法院认为：对C公司认为病假单系医生按照朱某要求开具的，并非医生根据其病情认定其需要休息，因此C公司无法批准朱某的病假申请的主张，本院认为，职工因患病或非因工负伤按照规定享有在医疗期内停止工作治病休息的权利。为了避免无病休假等虚假情况的出现，相关法规规定对职工疾病需要休假的，由企业审核批准。但任何权利的行使都不能超过其正当的范围。用人单位应本着实事求是、保障职工正当权益的原则，对职工的病假申请予以审核批准。通常，用人单位对病假申请进行审核是以医疗机构开具的病情证明单为参考依据的。而医疗机构对外开具的病情证明单系基于对病人实际病情的诊断而作出的专业性建议。因此，除非有证据证明病情诊断及病假单等是虚假的，一般都应认为是合理的休息建议。故从本案现有证据及查明的事实可见，朱某根据医院开具的病假单享受病假并无不妥。现 C 公司拒绝支付朱某病假工资无依据。本院不予支持。

完善内部请病假的手续。多数企业对于请病假的手续仅要求员工提交某某级别的公立医院的病休建议书及填写内部的病假申请单即可；但现实中，只要患者提出需病休建议，接诊医生基本上会开具。从多年的实践来看，我认为，**员工提交的资料应包括挂号单、病历或诊断证明、用药明细、缴费发票，缺一不可**；即医院给到患者的材料都得提交给企业。此要求，应在制度上予以明确。

【2013 年深圳市仲裁案例】

　　本委认为：鉴于实践中虚开病假条虚报病假现象比较普遍，为了维护正常的病假请休秩序，构建劳资双方劳动合同履行过程中的诚实信用环境，本委认为，对于是否存在停工医疗的事实，劳动者应进一步举证已进行治疗的相关证据，如挂号收费凭据、疾病诊断证明书、检查报告、用药清单、医疗费发票等。从举证能力考虑，并非加重劳动者的举证责任，只要停工医疗是客观存在的、真实的，劳动者完全可以充分举证。

企业内部制度可以规定，对于一年内请病假超过多少天的，企业有权委派人员陪同员工到医院了解病情，或有权要求员工复查复诊，或有权要求员工进行劳动能力（司法）鉴定。从合理性角度看，这个规定没有问题；前面提到劳动者获得病假建议书的成本非常低，另外有些医生在开具病假建议书时比较随意，患者提出休息多少天便写多少天。因此，操作时，应根据具体情况执行此制度。

【2013 年深圳市关联判例】

法院认为：根据日常生活的一般常识，"颈肩腰肌劳损病"在一般意义上可以理解为一种常见病，对于杨某某是否因"颈肩腰肌劳损病"严重导致无法上班，应以医疗部门出具的诊断结果为依据。根据审查的情况看，双方当事人曾经一起到深圳市龙岗区人民医院，共同委托该院对杨某某的实际病情进行检查，而根据深圳市龙岗区人民医院的诊断结论，杨某某并无明显病症，杨某某认为该次诊断并没有全面诊断，仅对局部进行了诊断，不能作为最终的诊断结论，但杨某某并未申请重新诊断或通过其他医疗鉴定机构进行鉴定，因此，在杨某某不能提供其他证据证明其主张的情形下，深圳市龙岗区人民医院医疗诊断结论可以作为本案定性的依据。

必要时，企业首先要出具介绍信及公函主动去医院医务科沟通，了解员工的病情是否属实；其次可委托律师与医院沟通或者直接发出律师函，建议医院慎重、客观、中立地对待该员工的病症；再次可到上级卫生行政部门投诉，申请调查经办医生是否存在违规做法；最后在案件应诉期间，申请仲裁或法院到医院调查取证。

【2017 年北京市关联判例】

法院查明：针对饭店的投诉，2017 年 3 月 7 日北京市某某区卫生和计划生育委员会向饭店作出《关于贵司反映北京 Y 医院乱开假条问题的答复》，称"2017 年 1 月至 2 月期间，患者陈某到该院就诊，陈某及其母亲认为医院开具 3 天病假条时间较短，来往医院频繁比较麻烦，要求该院职工郭某（非执业医师）开具更长时间的假条。郭某开具病假 3 天的假条，盖芦某医师的人名章和医院公章之后，郭在假条上进行了修改。郭按这种方式先后将 4 张 3 天的病假条修改为 2 张 8 天、2 张 13 天的病假条。我委认为该院存在两项违法行为并分别处理如下：1.该院使用非卫生技术人员郭某独立从事卫生技术工作，我委将依法对此违法行为进行立案查处；2.郭某为患者陈某开具诊断证明书违反了《医疗机构管理条例》第三十二条的规定，依据《医疗机构管理条例》第四十九条等给予该院警告的行政处罚，并给予该院不良执业分积分4分的处理。同时给该院下发卫生监督意见书：1.不得使用非卫生技术人员独立从事卫生技术工作；2.未经医师（士）亲自诊查病人，医疗机构不得出具疾病诊断书等证明文件；3.严格遵守《执业医师法》《医疗机构管理条例》等医疗卫生法律、法规，依法执业。

法院认为：用人单位、劳动者应当按照法律规定及合同约定，忠实、守信、全面地履行各自的义务。劳动者严重违反用人单位规章制度的，用人单位有权解除劳动合同。本案中，陈某怂恿医疗机构相关人员多开病休假，盖章后将假条交予他人修改，并在明知变造的情况下仍向饭店提交以骗取病休的行为，违背了诚实信用原则、违反了饭店的规章制度，构成旷工超过3天，情节严重。饭店以此为由与陈某解除劳动合同，有事实及法律依据且程序合法，属合法解除，没有支付赔偿金的义务。

如果劳动者提供虚假病假资料骗取休假及病假待遇，且达到一定金额（6000元左右，每个地区有差异），极可能构成诈骗罪，用人单位可以报警处理。对于提供虚假资料的，不论是否构成犯罪，用人单位都要在内部制度中事先规定为"严重违纪违规，无条件解雇"；同时规定"休病假期间从事任何营利性活动的视为严重违纪违规"。

【2016年天津市关联判例】

法院认为：被告人周某于2007年3月入职天津G电器有限公司，

案发前系该公司南开区××店空调部营业员。2014年10月22日至2015年4月，周某向天津G电器有限公司提供其购买的天津医科大学总医院诊断证明书和相关病历，虚构自己因病须休假的事实，在未实际工作的情况下，骗取天津G电器有限公司为其发放的工资及缴纳的社保费、公积金。2014年11月至2015年4月，周某骗取实发工资共3282.96元、社保费及公积金共12459.8元，合计15742.76元。天津G电器有限公司于2016年4月14日向公安机关报案，公安机关立案侦查后，周某于2016年6月16日到公安机关投案，对其所实施的行为供认不讳。经依法鉴定，涉案的26张诊断证明书中"天津医科大学总医院建议休息专用章"印文与原单位提供的印章印文不是同一印章盖印形成的。案发后，被告人周某已将其2014年10月至2015年4月的工资、社保金、公积金，共计19640.45元退赔天津G电器有限公司。

法院认为：被告人周某以非法占有为目的，虚构事实，骗取被害单位钱款共计15000余元，属数额较大，其行为已构成诈骗罪，依法应判处三年以下有期徒刑、拘役或者管制，并处或者单处罚金。公诉机关指控被告人周某犯诈骗罪，主要事实清楚，证据确实、充分，定性准确，依法应予以支持，并对所提量刑建议酌情予以考虑，但诈骗数额应认定为15742.76元。被告人周某在案发后自动投案，如实供述所犯罪行，当庭自愿认罪，系自首，依法可以从轻、减轻或者免除处罚；其将所获赃款全部退赔被害单位，确有悔罪表现，可以酌情从轻处罚。本院综合考虑全案事实情节及被告人的认罪态度，依照《中华人民共和国刑法》第二百六十六条、第六十七条第一款、第四十五条、第七十二条第一款和第三款、第七十三条第二款和第三款、第五十二条、第五十三条之规定，判决如下：被告人周某犯诈骗罪，判处有期徒刑六个月，缓刑一年，并处罚金一万元。

带薪年休假相关法律风险防控

1. 年休假的享受条件

什么情况下劳动者可以享受年休假？理论界和实务界对此存在一定的争议；案件如何处理，也要看经办仲裁员或法官的理解与倾向。

观点一：劳动者曾在以往的用人单位连续工作满 12 个月，到新单位后就可以马上享受年休假。

观点二：劳动者必须在新单位连续工作满 12 个月，之后才能享受年休假。这里，还包括一个特殊情况：劳动者昨天离开原单位，今天入职新单位，也属于"连续工作"；如他在原单位工作了 9 个月，那么在新单位工作 3 个月后就可以享受年休假。这个特殊情况是有法规文件规定的，不存在争议。

2. 到期不休自动清零

多数用人单位有规定："年休假必须在每年 12 月 31 日（或次年 3 月 31 日）休完，逾期不休的自动清零。"这个规定成立的概率并不高。2008 年施行的《企业职工带薪年休假实施办法》第十条第二款规定："用人单位安排职工休年休假，但是职工因本人原因且书面提出不休年休假的，用人单位可以只支付其正常工作期间的工资收入。"显然，视为劳动者放弃年休假需要符合两个条件：一是用人单位主动安排劳动者休年休假，二是劳动者因本人原因书面提出不休。

有些单位是这样做的：双方在劳动合同中事先约定"甲方安排乙方休年休假，乙方不休的视为乙方因自身原因书面提出不休"；在通知劳动者休年休假时，通知书上载明"……逾期不休的视为个人原因放弃年休假"。这类做法成立的概率相对高一些；当然，最终还得看仲裁员或法官的理解与倾向。

3. 应按时间比例安排休年休假

《企业职工带薪年休假实施办法》第十二条规定："用人单位与职工解除或者终止劳动合同时，当年度未安排职工休满应休年休假的，应当按照职工当年已工作时间折算应休未休年休假天数并支付未休年休假工资报酬，但折算后不足 1 整天的部分不支付未休年休假工资报酬。前款规定的折算方法：（当年度在本单位已过日历天数 ÷365 天）× 职工本人全年应当享受的年休假天数 – 当年度已安排年休假天数。用人单位当年已安排职工年休假的，多于折算应休年休假的天数不再扣回。"例如，小张在某企业已经工作数年，每年年休假为 5 天，2017 年 2 月底他休完了 2017 年度的 5 天年休假，接着他辞职；按照上述条款的规定，他的年休假最多为 1 天，也许 1 天都没有，但是在他辞职时企业是不能倒扣回来的。对于只有 5 天法定年休假的劳动者，其休假时间比例为每两个半月安排 1 天；不可以提前休，但可以推后休。

【2014 年东莞市关联判例】

法院认为：在本案中，李某于 2012 年 11 月 17 日入职，至 2013 年 11 月 16 日工作满一年后可享受带薪年休假，依上述规定，李某不享受 2012 年度的带薪年休假，李某 2013 年度可享受的带薪年休假天数为 45 天（当年度在本单位剩余日历天数）÷365 天 ×5 天 =0.6 天，折算后不足 1 天，不享受该年度的带薪年休假，故李某诉请的 2012 年度至 2013 年度的应休未休年休假工资，法院不予支持。

【2016 年北京市关联判例】

法院认为：顾某于 2014 年 3 月 16 日入职 Y 公司，月薪 8000 元，实际工作至 2014 年 12 月 3 日。关于年休假，顾某主张其工作期间 5 天的年休假未休。Y 公司主张顾某工作时间不足一年不存在年休假。本案中，顾某提交的沈阳市参保人员缴费明细可以体现其连续工作情况，Y 公司未就顾某休年休假情况提交相应证据，Y 公司应支付顾某 2014 年 3 月 16 日至 2014 年 12 月 3 日未休年休假工资 2206.9 元（8000÷21.75×3×200%）。

产假相关法律风险防控

关联法条

《中华人民共和国人口与计划生育法》（2016 年 1 月 1 日起施行）第二十五条 符合法律、法规规定生育子女的夫妻，可以获得延长生育假的奖励或者其他福利待遇。

《北京市人口与计划生育条例》（2016 年 3 月 24 日修正）第十八条 机关、企业事业单位、社会团体和其他组织的女职工，按规定生育的，除享受国家规定的产假外，享受生育奖励假三十天，其配偶享受陪产假十五天。女职工及其配偶休假期间，机关、企业事业单位、社会团体和其他组织不得降低其工资、予以辞退、与其解除劳动或者聘用合同。

《北京市企业职工生育保险规定》（2005 年 7 月 1 日起施行）第十一条 职工享受生育保险待遇，应当符合国家和本市计划生育的有关规定。

第十二条 生育保险基金支付范围包括：（一）生育津贴；（二）生育医疗费用；（三）计划生育手术医疗费用；（四）国家和本市规定的其他费用。

《上海市人口与计划生育条例》（2016 年 2 月 23 日修正）第三十一条 符合法律规定结婚的公民，除享受国家规定的婚假外，增加婚假七天。

符合法律、法规规定生育的夫妻，女方除享受国家规定的产假外，还可以再享受生育假三十天，男方享受配偶陪产假十天。生育假享受产假同等待遇，配偶陪产假期间的工资，按照本人正常出勤应得的工资发给。

《上海市城镇生育保险办法》（2009 年 3 月 30 日修正）第十三条

申领生育生活津贴、生育医疗费补贴的妇女必须同时具备下列条件：

（一）具有本市城镇户籍；

（二）参加本市城镇社会保险；

（三）属于计划内生育；

（四）在按规定设置产科、妇科的医疗机构生产或者流产（包括自然流产和人工流产）。

《广东省人口与计划生育条例》（2016 年 9 月 29 日修正）第三十条："符合法律、法规规定生育子女的夫妻，女方享受八十日的奖励假，男方享受十五日的陪产假。在规定假期内照发工资，不影响福利待遇和全勤评奖。"

1. 地方奖励假

根据上述法律、法规的规定，符合计划生育政策生育的，除了可以享受国家规定的产假外，还可以享受地方的奖励假；地方奖励假属于强制性规定，主动权在女员工手上。违反计划生育政策生育的，女职工依旧可以享受国家规定的产假，但无权享受地方奖励假。

2. 符合计生政策的产假期间的待遇

各个地方的政策法规原则上规定"符合计划生育政策的女员工在休产假和奖励假期间，工资照发。"此处的工资，如果无特别说明，应理解为正常时间内的工资总额。经查，广东、广西、海南、上海、浙江、江苏、安徽、山东、北京、河北、天津、山西、辽宁、吉林、黑龙江、贵州、四川、湖北、江西、福建等地有与此相同或类似的规定。

理论界与实务界基本上认可，生育津贴与正常工资两者取其一（取高者）支付给休产假的女员工即可，而无须同时支付。如生育津贴为 4000 元 / 月，员工正常工资为 6000 元 / 月，那么应按 6000 元 / 月支付其产假待遇，即企业应在生育津贴的基础上补足差额。

3. 不符合计生政策的产假期间的待遇

多年以来，全国各地有一个相同的做法：女员工享受生育保险待遇（报销生育医疗费用及享受生育津贴）的前提是符合计划生育政策。因此，女员工违反计划生育政策休产假期间，用人单位可以不支付工资报酬，按事假处理。我们建议，用人单位内部制度应写好相关的规定。

【2017 年重庆市关联判例】

法院认为：……女职工享受生育生活津贴需属于计划内生育，原告邹某在非婚姻期间妊娠不属于计划内生育，且违反计划生育政策，不能享受生育生活津贴。且《重庆市职工生育保险暂行办法》第十九条规定，"申领生育保险待遇需提交下列材料……（三）乡镇人民政府、街道办事处出具的《生育服务证》或人口和计划生育行政部门出具的《再生育服务证》"，原告邹某在非婚姻期间妊娠系违反计划生育政策，原告邹某在未取得《生育服务证》或《再生育服务证》的情况下无法享受生育保险待遇。因此，原告邹某在违反计划生育的情况下本就无法享受生育保险待遇，亦无损失，故本院对原告邹某要求被告李维维支付生育保险损失的诉讼请求不予支持。

【2017 年深圳市关联判例】

法院认为：原、被告对双方之间曾存在劳动关系均无异议，本院在此予以确认。劳动合同截止日为 2016 年 12 月 15 日。孙某在劳动关系存续期间怀孕、生育第三胎。由于孙某未能提供证据证明其生育第三胎没有违反我国计划生育政策，故孙某在 2016 年 5 月 1 日至 2016 年 9 月 6 日期间不享有有薪产假的待遇，A 电子公司可不支付产假工资。

婚丧假相关法律风险防控

关联法条

《关于国营企业员工请婚丧假和路程假问题的通知》

一、职工本人结婚或职工的直系亲属（父母、配偶和子女）死亡时，可以根据具体情况，由本单位行政领导批准，酌情给予一至三天的婚丧假。

二、职工结婚时双方不在一地工作的；职工在外地的直系亲属死亡时需要职工本人去外地料理丧事的，都可以根据路程远近，另给予路程假。

三、在批准的婚丧假和路程假期间，职工的工资照发。途中的车船费等，全部由职工自理。

关于婚丧假，地方有特别规定的从其规定，无则按国家规定执行。请各位读者自行查询是否存在地方的特别规定。

小张入职某企业后不到3个月申请婚假，同时宴请总经理、HR经理、部门经理及部门同事。经查，小张在入职前1个月领取了结婚证。企业对于其婚假批准与否感到很为难，不批准，中高层是否出席婚宴；批准，感觉不合理，因为其结婚证是入职前领取的。从多年的实践来看，我认为，**用人单位可以在内部制度规定，入职后领取结婚证的才可以申请婚假，且必须在领证后合理期限（如1年内）内休完，否则视为放弃。**

另外，申请婚丧假需要提交什么资料，休完后需要补交什么资料，内部制度也应规定清楚。

七、劳动关系的解除

能否与特殊保护期间的员工协商解除

关联法条

《劳动合同法》

第三十六条　用人单位与劳动者协商一致，可以解除劳动合同。

第三十九条　劳动者有下列情形之一的，用人单位可以解除劳动合同：

（一）在试用期间被证明不符合录用条件的；

（二）严重违反用人单位的规章制度的；

（三）严重失职，营私舞弊，给用人单位造成重大损害的；

（四）劳动者同时与其他用人单位建立劳动关系，对完成本单位的工作任务造成严重影响，或者经用人单位提出，拒不改正的；

（五）因本法第二十六条第一款第一项规定的情形致使劳动合同无效的；

（六）被依法追究刑事责任的。

第四十二条　劳动者有下列情形之一的，用人单位不得依照本法第四十条、第四十一条的规定解除劳动合同：

（一）从事接触职业病危害作业的劳动者未进行离岗前职业健康检查，或者疑似职业病病人在诊断或者医学观察期间的；

（二）在本单位患职业病或者因工负伤并被确认丧失或者部分丧失劳动能力的；

（三）患病或者非因工负伤，在规定的医疗期内的；

（四）女职工在孕期、产期、哺乳期的；

（五）在本单位连续工作满十五年，且距法定退休年龄不足五年的；

（六）法律、行政法规规定的其他情形。

《劳动合同法》第三十六条并没有规定"特殊保护期间的劳动者"除外，第三十九条也没有规定"特殊保护期间的劳动者"除外，而第四十二条仅规定"不得依照本法第四十条、第四十一条的规定解除劳动合同"，并没有规定"不得依照本法第三十六条、第三十九条的规定解除劳动合同"，因此，即使符合第四十二条特殊保护情形的劳动者，用人单位也可以与其协商解除劳动合同，也可以以第三十九条的理由单方解除劳动合同。当然，操作时，务必保留证据证明双方协商解除期间劳动者不是被迫的。

【2015 年上海市关联判例】

法院认为：《劳动合同法》第四十八条规定，用人单位违反本法规定解除或者终止劳动合同，劳动者要求继续履行劳动合同的，用人单位应当继续履行。同时，《劳动合同法》也明确了用人单位不得在女职工孕期、产期、哺乳期解除劳动关系的几种情形。根据本案在案事实及查明之证据可见，王某提出辞职在前，W公司以此为基础与王某达成协议，嗣后，双方业已全面履约。在双方解除劳动关系不存在用人单位单方面违法解除的情形下，对王某、W公司劳动关系解除后发生争议的处理，不适用《劳动合同法》关于用人单位违法解除或者终止劳动合同，劳动者要求继续履行劳动合同的，用人单位应当继续履行规定。现王某坚称其辞职之意思表示不真实，系以在 7 月 11 日获悉怀有身孕之事实予以反推签订协议之意思表示，有违事物发展顺序，本院难以采信。王某对其本人在签订协商解除劳动关系协议书时不知晓其怀孕之事实，也不能列入重大误解之要件序列。故而王某要求恢复劳动关系之诉请，不符合《劳动合同法》的规定，依法不予支持。

小心把员工的辞职演变为单位的辞退

关联法条

《劳动合同法》

第三十七条　劳动者提前三十日以书面形式通知用人单位，可以解除劳动合同。劳动者在试用期内提前三日通知用人单位，可以解除劳动合同。

《劳动合同法》第三十七条的规定赋予劳动者单方解除劳动合同的权利，该解除权是一种形成权，只要享有解除权的当事人做出解除的意思表示并到达对方，就能发生解除的法律效力；这意味着劳动者提前 30 天通知用人单位解除劳动合同，30 天后双方劳动合同将依法解除，不管用人单位同意与否，这 30 天期间双方劳动合同仍然有效，劳动关系仍然存续；期间（如 15 天左右），如果用人单位让劳动者交接完毕后离职，将可能被认定为用人单位反过来解除劳动合同。

为了避免或减少法律风险，用人单位对劳动者的工资直接支付到第 30 天，并告知劳动者后面的两个星期，他可以自由掌握；或者让劳动者书面确认本人自愿提前到 × 月 × 日正式离开单位，正式解除劳动关系。

当然，部分法律界人士认为用人单位提前让劳动者离职没有恶意，所以不应该承担该法律责任。我认为，此观点本质上是站在情与理的角度理解问题；站在法律的角度，用人单位构成单方解除的概率非常大。

【2014年上海市关联判例】

法院认为：劳动关系的解除需一方的解除意思表示到达另一方才能产生相应的法律后果，故虽然 P 公司解除的理由是杜某 2014 年 2 月 1 日至 2 月 17 日旷工，但并不代表 P 公司 2014 年 2 月 17 日就已将该解除劳动关系的意思表示到达杜某，并产生解除的后果。根据前案的生效判决，认定 P 公司解除的意思表示直到 2014 年 5 月 9 日才到达杜某，故此前双方的劳动关系依然存续，P 公司仍负有和杜某续签劳动合同的义务。

如何解除患病员工的劳动合同

《劳动合同法》

第四十条　有下列情形之一的，用人单位提前三十日以书面形式通知劳动者本人或者额外支付劳动者一个月工资后，可以解除劳动合同：

（一）劳动者患病或者非因工负伤，在规定的医疗期满后不能从事原工作，也不能从事由用人单位另行安排的工作的。

根据《劳动合同法》第四十条第二项的规定，解除此类员工的劳动合同，应同时满足3个条件：1. 给足医疗期；2. 医疗期满后不能从事原工作；3. 不能从事用人单位另行安排的工作。实务中，"不能从事"的界定和举证"不能胜任工作"类似，详细要点请参考"不胜任工作的界定与举证"一节。

医疗期如何界定请查阅《企业职工患病或非因工负伤医疗期规定》（劳部发〔1994〕479号），地方另有规定的从其规定，如上海市关于医疗期方面有特别规定。

现实中，医疗期满后，部分劳动者需要继续治疗，无法回用人单位上班，此状态已构成"不能从事原工作，也不能从事由用人单位另行安排的工作的。"另外，对于特殊疾病、重大疾病是否必须延长劳动者的医疗期，存在比较大的争议。

【2018 年天津市关联判例】

法院认为：医疗期届满后李某继续申请休病假，应视为不能从事原工作和用人单位另行安排的工作，用人单位即本案 Y 公司有权依法解除劳动合同，但应提前三十日以书面形式通知李某或者额外支付李某一个月工资，并依照相关规定支付经济补偿金、医疗补助费。

能否以组织架构调整无合适岗位安排为由解雇员工

关联法条

《劳动合同法》

第四十条　有下列情形之一的，用人单位提前三十日以书面形式通知劳动者本人或者额外支付劳动者一个月工资后，可以解除劳动合同：

（三）劳动合同订立时所依据的客观情况发生重大变化，致使劳动合同无法履行，经用人单位与劳动者协商，未能就变更劳动合同内容达成协议的。

观点一：组织架构的调整，是企业决策层的主观决定，属于主观因素的范畴，因此该调整并不属于客观情况发生重大变化。

观点二：如果组织架构的调整是企业决策层根据内外部环境、因素的变化而调整的，那么此调整具有合理性，应属于客观情况发生重大变化。

从多年的实践来看，我认为，用人单位应举证证明或自圆其说，调整后的组织架构更有利于用人单位降低成本、降低风险、提高效率或提高效益。如能做到，则表明此调整具有合理性，并不是高层随意做出的。

【2016年上海市关联判例】

法院认为：本案中，上诉人杨某的劳动关系从案外人Z公司转移至被上诉人Y公司后，双方自2014年1月9日起以实际履行的方式将杨某的工作岗位确定为亚洲区人力资源共享服务中心华东区域分中心主管。后Y公司因经营管理需要，调整人力资源共享服务中心结构，并引发人力资源共享服务中心东区分中心主管职位被取消之后果，可属《劳动合同法》第四十条第三项所规定的客观情况发生重大变化之情形。此也确实致 Y 公司无法再按照原亚洲区人力资源共享服务中心华东区域分中心主管岗位设定与杨某继续履行劳动合同。Y 公司因此与杨某协商变更工作岗位，并在杨某明确予以拒绝的情况下，解除与杨某的劳动合同，于法无悖。故对杨某要求 Y 公司支付违法解除劳动合同赔偿金差额的上诉请求，本院不予支持。

【2013年深圳市关联判例】

法院认为：关于本案劳动合同解除是否合法的问题，B 公司的深圳办事处因经营业绩萎缩被迫关闭，属于《劳动合同法》第四十条第三项规定的因劳动合同订立时所依据的客观情况发生重大变化，致使劳动合同无法履行的情形。因 B 公司已经与陈某就劳动合同内容的变更进行了协商，且没有达成一致意见，B 公司在此情况下与陈某解除劳动合同，并向其额外支付了一个月的工资及按照工作年限支付了经济补偿金，符合《劳动合同法》第四十条第三项的规定，故本院认为，B 公司与陈某解除劳动合同符合法律规定，不属于违法解除劳动合同，因此，无须向陈某支付违法解除劳动合同的赔偿金差额。

未提前 30 日通知也未支付代通知金是否构成违法解除

关联法条

《劳动合同法》

第四十条　有下列情形之一的，用人单位提前三十日以书面形式通知劳动者本人或者额外支付劳动者一个月工资后，可以解除劳动合同……

第四十八条　用人单位违反本法规定解除或者终止劳动合同，劳动者要求继续履行劳动合同的，用人单位应当继续履行；劳动者不要求继续履行劳动合同或者劳动合同已经不能继续履行的，用人单位应当依照本法第八十七条规定支付赔偿金。

用人单位依据《劳动合同法》第四十条的规定解除劳动合同，但未提前 30 天通知劳动者，也未支付一个月代通知金，是否构成违法解除？

观点一：《劳动合同法》第四十条规定的 3 种情形均属于合法的解除理由，用人单位以此解除劳动合同并不构成违法解除；如果用人单位没有提前 30 天通知，只要支付劳动者代通知金即一个月工资即可。

观点二：根据《劳动合同法》第八十七条"用人单位违反本法规定解除或者终止劳动合同的，应当依照本法第四十七条规定的经济补偿标准的二倍向劳动者支付赔偿金"之规定，用人单位解除劳动合同必须符合《劳动合同法》的规定，解除过程中出现任何与《劳动合同法》不相符的情形，均构成违法解除，需承担相应法律责任（即支付双倍经济补偿或继续履行劳动合同）。

观点一属于传统做法，观点二符合法律的规定，且完全符合法律解释中的"字面解释"理论。慎重地看，用人单位若以《劳动合同法》第四十条规定解除，最好提前 30 天通知劳动者或主动支付代通知金，以避免被认定为违法解除。

【2017 年济南市关联判例】

法院认为：本案中，山东某馆因贯彻落实山东省政府购买服务岗位有关政策，致使其与张某建立劳动关系时所依据的客观情况发生重大变化，双方之间的劳动合同无法继续履行，且双方未就解除劳动合同达成一致意见。根据《劳动合同法》第四十条第三项的规定，用人单位提前30 天以书面形式通知劳动者本人或者额外支付劳动者一个月工资后，可以解除劳动合同。山东某馆于 2016 年 6 月 14 日就解除劳动关系协议书及某馆聘用人员经济补偿表进行了公示，并于 2016 年 6 月 17 日通知张某到单位办理解除劳动合同的相关手续，因双方对于解除劳动合同的协商不成，山东某馆以书面形式通知张某解除劳动合同的时间为 2016 年7 月 2 日，山东某馆未按法律规定提前 30 天通知劳动者解除劳动合同，也未以向劳动者额外支付一个月的工资为条件解除劳动合同，故山东某馆存在违法解除劳动合同的情形。张某有权要求山东某馆向其支付违法解除劳动合同的经济赔偿金 49770 元。关于张某主张山东某馆因未提前30 日书面通知其解除劳动合同应向其额外支付一个月工资，鉴于用人单位因违法解除劳动合同已经按照法律、行政法规的规定支付了经济赔偿金，承担了相应的法律责任，无须另行支付一个月工资。

解除劳动合同通知书如何表述

1. 用词应规范

对于劳资关系的终结，《劳动合同法》仅规定了"解除劳动合同"与"终止劳动合同"两种方式，并无规定其他方式或用词，因此用人单位应尽量表述为"解除劳动合同通知书"或"终止劳动合同通知书"；如果没有签订劳动合同，则可表述为"解除劳动关系通知书"，而不应使用"解雇""解约""解聘""辞退""解职"等不规范的甚至有歧义的词。当然，本书中提及"解雇或辞退"等词，是为了与广大读者的习惯思维相匹配，让读者提高阅读效率。

2. 解除理由与法律依据

解除理由的表述存在以下两种风格。

（1）抽象风格，即把法条的大概意思写上去，如下面的表述。

×××：

试用期间你不符合录用条件，现根据《劳动合同法》第三十九条第一项的规定，决定与你解除劳动合同。

（2）具体风格，即把具体的事实理由写上去，如下面的表述。

×××：

试用期间你有如下的不当表现：不按要求提交必备的资料；工作上出现明显差错；迟到、早退 5 次。上述表现构成试用期间不符合录用条件，现根据《劳动合同法》第三十九条第一项的规定,决定与你解除劳动合同。

需注意的是,解除理由应如实表述,不应虚构,因为对解除理由的真实性、合法性由用人单位举证,举证不能的将推定违法解除。例如,真实理由为严重违反规章制度,但为了给员工面子,表述为"不能胜任工作"。

【2014 年苏州市关联判例】

法院认为:用人单位以劳动者严重违反规章制度为由解除劳动合同,劳动者的行为应当在规章制度中明确载明,且规章制度的制定应经过相应的民主程序,但被告未提交所依据的规章制度。另外,庭审时被告主张与原告解除劳动合同的依据是原告存在严重失职、营私舞弊行为,给单位造成了重大损害,该理由与解除劳动合同通知书中的理由不一致,因此,该理由不应成为本案中被告与原告解除劳动合同的法律依据。综上,被告与原告解除劳动合同不符合法律规定,属违法解除劳动合同。

3. 生效时间

如果无特别注明,送达通知书之日为解除生效之日。一般情况下,解除劳动合同通知书应载明解除的生效时间。

4. 其他可写事项

(1)何时、如何办理离职手续。

(2)是否支付经济补偿及其金额。

(3)未休的年假在离职前如何安排。

(4)其他需要交代的事项。

八、违纪违规员工处理

违纪违规条款表述不清的法律风险防控

《劳动合同法》

第三十九条 劳动者有下列情形之一的，用人单位可以解除劳动合同：

（二）严重违反用人单位的规章制度的。

案例分析

【案情】

戴某是某公司的基层生产工，2010年6月15日班长黄某行使管理职权，戴某辱骂黄某。此前，戴某同样辱骂了班长黄某，且戴某对相关的事实均签名确认（庭审期间公司确实提交了两份有黄某签名确认的证据）。2010年6月底，该公司依据内部的制度解雇了戴某。另外，公司通过民主程序制定的制度规定：辱骂同事或客户，态度恶劣，造成不良影响的，给予严重书面警告处理；在职期间累计两次严重书面警告处理的，构成严重违反企业规章制度，将无条件解雇。

【分析】

假设"骂人两次"是客观存在的事实，那么按照内部制度的规定，企业除了举证证明先后向戴某发出过两份严重警告通知书外，还需举证证明戴某"态度恶劣"及"其辱骂行为造成不良影响"；否则给予严重警告处分将不成立，继而解雇也不成立。因为"辱骂同事或客户，态度恶劣，造成不良影响"这3个状态必须同时出现才能给严重警告，不是出现其中一个就可以给严重警告。

庭审期间，戴某抗辩说："仲裁员，这两份笔录恰恰表明我是个知错能改的好员工，谁说我态度恶劣？如果我态度恶劣，当初我就不会谈话、不会承认、不会签名，更不可能刚才当庭再次确认。他们说我态度恶劣，请他们举证证明。"戴某的说法确实有道理。接着，戴某继续说："造成不良影响，请企业拿点证据出来。"客观地说，就上述两个状态，企业难以举证。最终，在仲裁员的主持下，双方达成了和解。

由此案例可知，制度协议文书尽量不要出现道不明、说不清、模棱两可的表述，如"情节轻微的""手段较恶劣的""影响巨大的"；出现有歧义、理解不一的情况且企业无法举证证明或自圆其说的，仲裁员或法官原则上会推定企业败诉。《合同法》规定："对格式条款的理解发生争议的，应当按照通常理解与解释；对格式条款有两种以上解释的，应当作出不利于提供格式条款一方的解释。"作为证据使用的规章制度、员工手册、劳动合同、用工协议等文书原则上是用人单位单方制定或牵头制定的，所以根据上述规定，发生歧义时将作出不利于用人单位的解释，让用人单位承担败诉风险。

绝大部分的用人单位会在制度后面写一个条款：本制度、本办法、本规定解释权归属本公司××部门。如前所述，这个条款站不住脚，在法律面前苍白无力。

【2016年北京市关联判例】

法院认为：关于续签劳动合同，双方争议焦点在于对劳动合同中约定的"清河营项目"的理解及该工程何时竣工的问题。对此，在双方于2014年签订劳动合同时，监理公司仅中标清河营一期监理工程，而未中标清河营二期监理工程；且劳动合同文本系监理公司提供，在双方对条款存在不同解释时，应当作出不利于提供条款一方的解释。因此，法院采信了关于劳动合同中约定的"清河营项目"系指清河营一期工程项目的主张，进而对监理公司关于该项目包括一期和二期在内的清河营地块工程的辩称不予采信。

【2016年佛山市关联判例】

法院认为：公交公司和梁某对员工手册中"一年内"的理解存在分歧。公交公司主张"一年内"可以跨年度计算为12个月内，但是梁某认为"一年内"应当理解为一个自然年度内，不能跨年度计算。法院认为，公交公司并没有举证证明员工手册中对"一年内"进行了明确的定义。而该员工手册为公交公司方拟稿制订的，在双方对此理解不一的情况下，应当作出对该员工手册的制订方即公交公司不利的解释，认定为一个自然年度内，不能跨年度计算为12个月内。

请思考：假设公交公司员工手册规定一年内累计被警告4次，公司可以无条件解雇；2016年下半年梁某被警告2次，2017年上半年被警告2次。结合本案法院的分析，2017年7月公交公司能解雇梁某吗？

【建议】

HR从业者应尽快梳理内部所有的制度文书，对于可能存在歧义或模糊不清的地方，尽量表述清晰、解释清楚，以减少用人单位的法律风险。就戴某案例中的该条款，可以表述为"辱骂同事或客户，给予严重警告处分"，把"态度恶劣、不良影响"直接删掉。如果觉得给予严重警告处分有点过重了，可以给予轻一点的处分。但要记住：宁可给予轻一点的处分，也不能使用模棱两可的措辞、字眼。再如，有些用人单位规定："住在内部宿舍的员工，在阳台上摆放花盆，造成重大后果的，将无条件解雇"。这里的"重大后果"可以直接表述为"造成他人人身伤亡或财产损失的"。

违纪违规责任不明确的法律风险防控

大量的司法判例表明，用人单位规章制度未明确某个违纪违规行为的责任的，用人单位不得给予当事员工相关处分责任，更不能解雇该员工；因为该处分、解雇缺失法律依据或制度依据，除非该行为非常恶劣，恶劣到社会公众无法容忍和接受。此环节类似于《刑法》"罪刑法定""法无明文不为罪"之原则，事先未规定的，不得追究员工的责任。

从多年的实践来看，我认为，HR 从业者平时应留意员工的违纪违规行为有哪些，应听听中高层管理者所了解的违纪违规行为有那些，定期修改、补充、完善内部的处罚制度，在处分、解雇违纪员工时做到有依有据。

有的 HR 从业者提出，制定这么严格的惩处制度，可能会与人性化的企业文化冲突。其实一点儿都不冲突，如果没有严格的惩处制度，那么企业很可能难以处理问题员工，难以营造良好有序的工作氛围，难以构建正面的企业文化，难以维护管理权威。

【2017 年中山市关联判例】

法院认为：……即使卢某的上述行为属于中途离岗，但公交公司的规章制度并未对员工中途离岗行为的责任后果作出明确约定，公交公司解除与卢某的劳动关系缺乏制度依据。因此，公交公司解除与卢某的劳动关系理据不足，属违法解除。

【2017 年苏州市关联判例】

法院认为：劳动合同约定申某不得兼差、兼职或经营和 G 科技公司利益有冲突的工作活动，该约定内容属于劳动者应遵守的劳动纪律，双方并未约定 G 科技公司可以因申某违反上述劳动合同约定单方解除劳动关系，G 科技公司也未能举证苏州 J 电子设备有限公司与其存在利益冲突及申某泄露公司产品机密的事实。申某并不存在严重违纪的情形。综上，法院认定 G 科技公司单方解除劳动合同构成违法解除。

【2014 年上海市关联判例】

法院认为：M 公司主张徐某撬锁入舍、强占公司承租的房屋，给公司造成损失，违反了公司的规章制度。"员工须爱惜公司授予使用的公物""员工须遵守安全卫生规则并注重本身及他人安全"，但即使存在"不遵守""不爱惜"的情形，该手册也未规定对此后果须解约，故该规定对徐某并不适用。徐某是否存在"因违反职业道德，给公司造成损失"的情形？不论徐某是否存在这种情形，根据"手册"的规定，出现这种情形的后果是赔偿损失，并非立即解约，故该规定对徐某依然不适用。……综上，M 公司的解约没有合法依据，M 公司的解约违法。

【2014 年武汉关联判例】

法院认为：从本案查明的事实看，物业公司解除与袁某某之间劳动合同关系的理由主要是袁某某私自放行车辆的事实及其写公开信责骂班组领导等事实，但物业公司未能提交充分的证据证明上述事实违反了该公司规章制度的哪一具体条款，且是否已严重到必须解除劳动合同关系的程度（物业公司提交的员工手册 2009 版第 24 页对此规定得并不明确），因此，物业公司以袁某某违反该公司员工手册规定为由，解除与袁某某之间的劳动合同关系没有充分的事实（规章制度）和法律依据，属于违法解除。

【2013 年广州市关联判例】

法院认为：根据防治所作出的关于马某某违纪行为的处分决定，防治所对马某某作出了扣除 20% 年终奖的处罚，因此，用人单位对劳动者实施处罚应提供明确的制度依据，在本案中，防治所未能提供证据证明年终奖金发放的标准和扣罚标准的依据，应承担举证不能的责任。

严重违纪违规的界定与操作技巧

1. 案例分析

【案情】

某 IT 公司依法制定的员工手册规定，除正常工作需要且经总经理批准外，任何人员均不能通过任何手段复制、拷贝、窃取、泄露、转发企业的资料或信息，违者以严重违反规定论处，直接解除劳动合同。这是企业的内部规定。某天晚上，小张在加班期间通过 U 盘复制及私人邮箱转发了企业某个 IT 项目的部分资料，第二天早上，相关领导质问小张，小张口头承认了这件事，但解释说是为了在家里继续工作。几天后，公司让小张做出书面陈述及解释，但小张矢口否认。随后，企业以严重违反企业规章制度为由解雇了小张。

【分析】

这个案件存在两个焦点问题：一是企业能否举证小张的行为客观存在；二是内部制度规定这个行为属于的严重程度能否得到仲裁员的认可。对于焦点二，见仁见智，没有绝对的标准。司法实践中，如果内部规章制度通过民主程序制定，内容不违法，也不存在明显不合理的情形，基本上（非绝对）仲裁员会采纳内部的规章制度。从多年的实践来看，我认为，如果焦点一查证属实，企业胜诉的概率比较大。本案中的企业出于对商业秘密的保护，把"私下复制、拷贝、窃取、泄露、转发"规定为严重程度，合情合理。

2. 违纪违规行为的分类

如果员工的违纪违规行为本身是恶劣（故意违纪原则上都属于恶劣）的，无须考虑是否带来一定的后果，用人单位可以直接规定为严重程度。例如，偷东西的行为肯定属于恶劣的，无须考虑偷多少。再如，员工拿着铁棒砸坏公司财物，这种行为很恶劣，无须考虑砸坏了多少。

【2017年北京市关联判例】

法院认为： 本案争议焦点在于 F 酒店解除劳动合同是否合法。F 酒店员工手册第 32 条规定，偷窃他人财物或公司财物、设备、设施、工具的，第一次即可解除劳动合同。张某作为 F 酒店的厨师，利用工作之便将酒店的 4 斤西红柿带出工作区域，其以非法占有为目的实施了窃取公司财物的行为，符合员工手册规定的"偷窃公司财物"的行为，其公司以此为由解除与张某的劳动合同，理由正当。张某上诉称 4 斤西红柿的价值较小，其行为不属于偷窃，因此而开除在员工手册中没有相关规定。偷窃指的是以非法占有为目的，擅自窃取他人财物的行为，偷窃行为的定性与财物价值无关，而 F 酒店的员工手册并未规定偷窃财物达到一定价值才可以解除劳动合同，按其规定，凡偷窃公司财物的行为即可解除劳动合同。

【2015年辽宁省关联判例】

法院认为： 原告公司的《员工守则》规定"偷拿、偷喝公司产品或盗窃公司及他人财物属于严重违反规章制度，予以解除劳动合同"。被告作为原告单位的职工，在上班期间偷喝单位生产的啤酒，符合上述员工守则的规定。原告经工会同意，向被告出具了解除劳动合同通知，该程序是符合法律规定的，故原告提出的与被告解除劳动关系合法有效的主张本院予以支持。

【2015年南京市关联判例】

法院认为：徐某私拿洋酒桶的行为已经严重违反W公司的规章制度，W公司据此解除与徐某的劳动合同，于法有据。W公司解除与徐某的劳动合同已经事先告知工会，解除程序合法。综上，上诉人徐某的上诉理由不能成立，对其上诉请求，本院不予支持。

【2014年深圳市关联判例】

法院认为：谢某某在2013年5月15日，经稽查员稽查发现存在收钱后少撕票的行为，谢某某也在事情经过上签名确认，其虽辩称自己误以为三名乘客中只有一名买了票，且自己看错钱款的面值，本院认为，谢某某主张看错钱款面值，但最终经清点多出的金额与其主张不符，其又辩称自己在前一日曾捡到5元，但乘务员当日收取的票款应当当日结算，不应出现前日捡到的5元放在收取的票款中的情形，故谢某某对其主张不能自圆其说，本院对谢某某的主张不予采信，应当认定其确实存在收钱少给票的违反公司票务规定的行为。尽管涉案金额不大，但该行为严重违反公共汽车乘务员的职业操守，构成严重违反劳动纪律，因此，公司据此解除劳动合同符合法律规定，无须向谢某某支付违法解除劳动合同赔偿金。

违纪违规行为表面上不一定恶劣，但可能带来一个非常严重的后果，用人单位也可以把该行为直接规定为严重程度。例如，昨天领导狠狠地批评了一个员工，第二天该员工带着凶器找领导谈判。对这种携带利器进入办公场合的行为也可以直接规定为严重程度，而无须考虑是否有伤人的后果。再如，某企业内部的锅炉需要专人看管，每15分钟需要检查一次温度与压力以防爆炸，对于这种特殊职责下的员工的打瞌睡行为也可以直接规定为严重程度。

此外，非故意（即过失）违纪违规行为，往往要造成一定的后果才能规定为严重程度。此时，应该对该行为进行具体的分类描述，即根据不同的前提、背景、过程、情节、影响、后果等，将其分为"最轻""较轻""较重""严重"。为方便操作，最好分为 3 类或 4 类（我个人喜欢分 3 类），如果分 5 类或 6 类，就很难操作，因为每个类别之间会存在递进的逻辑关系，逢二进一或逢三进一（每两个或三个较轻的行为的责任就等于一个较重行为的责任）；如果没有这个逻辑关系，将很难实现小错不断、构成大错的效果；如果分类太多，对于"最轻"的行为可能要凑够几十个，此时用人单位的举证比较难！例如，员工在普通岗位上打瞌睡，规定为"较轻"；在前台或门卫等岗位上打瞌睡，规定为"较重"；前面提到的在锅炉岗位上打瞌睡，规定为"严重"，或者打瞌睡引致其他后果，或者打瞌睡被媒体曝光等，都可以规定为"严重"。如果"一刀切"地规定"上班打瞌睡构成严重违纪违规"，用人单位以此解雇一个在普通岗位上打瞌睡的员工，用人单位胜诉的概率应该很低，因为仲裁员很可能觉得此规定不合理或者觉得员工的行为达不到严重程度。

某些违纪违规行为，如果不好分类，或者 HR 从业者无法分类描述，那么可以规定 1 年内实施 ×× 次此行为将构成严重程度。

最后，需提醒各位的是，不要画蛇添足。**前面提到对于本身恶劣的行为，原则上无须考虑后果**，但是很多用人单位习惯了不论行为是否恶劣，都在后面加上"造成 ×× 后果的"。而在仲裁或诉讼期间，用人单位无法举证证明该后果客观存在，最终败诉。例如，深圳某企业内部制度规定"员工打架斗殴，影响工作秩序和社会秩序的，构成严重违反公司规章制度"，在一个解雇打架员工的案件中，该企业无法举证证明打架行为对工作及社会产生相关影响，最终企业败诉。在《劳动法》领域，"打架斗殴"原则上无须考虑后果（如打至受伤），可以直接规定为严重程度。

【2014年北京市关联判例】

法院认为：因用人单位作出开除、除名、辞退、解除劳动合同、减少劳动报酬、计算劳动者工作年限等决定而发生劳动争议的，由用人单位负举证责任。虽然孙某违反了国家计划生育政策，但在安装公司解除孙某劳动合同所依据的内部文件中规定，征收社会抚育费、不得享受有关福利待遇、不得被评为先进个人、解除劳动合同等内容，都是对超计划生育者进行的处罚措施。其中，解除劳动合同应当是违反计划生育政策情节严重者。现安装公司除提交"孙某超生造成的恶劣影响说明"以外，未能提交证据证明孙某超计划生育所造成的严重影响，故原审法院认定安装公司解除劳动关系依据不足，双方应继续履行2002年4月签订的劳动合同并无不当，本院对此予以确认。

总之，对违纪违规行为，在定性为"最轻""较轻""较重"或"严重"时，应充分考虑是否符合"公平合理"原则。

严重失职的界定与营私舞弊的灵活变通

《劳动合同法》

第三十九条 劳动者有下列情形之一的，用人单位可以解除劳动合同：

（三）严重失职，营私舞弊，给用人单位造成重大损害的。

1. 案例分析

【案情】

2012 年 5 月，A 公司被 B 公司起诉，追讨货款 30 万元。A 公司委托办公室主任张某和集团公司法律部经理王某共同处理案件。举证期间，在王经理的指导下，张三任提交了相关证据。开庭当天，王经理与张主任一起参加庭审活动。9 月 27 日（周四），法院宣判：A 公司主张 B 公司的货物质量不符合国家标准，但 A 公司开庭期间无法提交质量监督部门出具的检测报告的原件，B 公司对复印件不予确认，所以 A 公司的抗辩观点依据不足，A 公司败诉。次日早上，法律部王经理突然发送电子邮件给相关领导，声称老家有事，必须即日离职；随后，王经理就相关工作和下属说了一下便自行离开集团公司。集团公司高层做出指示，尽快妥善处理王经理擅自离职一事；深圳货款案件由张主任全权负责，必要时可以聘请外面律师。10 月 9 日，集团公司在清理王经理的工作资料期间，发现质量监督部门出具的检测报告原件在王经理的文件柜里面。10 月 16 日，张主任到中级法院上诉，被告知已经超过上诉期限 15 天，法院不予受理。

【分析】

很多具有一定工作经验的人知道，案件开庭要带证据原件去核对。法律部王经理作为法律专业人士，其在法律方面的专业知识、经验、技能肯定优于大多数人；或者作为法律部的负责人，他会被推定为专业方面比非法律人士要厉害得多。本案中，王经理指导张主任提交证据且参与开庭，开庭时居然没有带证据原件，而是将证据原件放在文件柜里，因此王经理绝对构成重大过失、严重失职，不排除他存在营私舞弊的可能。开庭没带证据原件，张主任也构成重大过失、严重失职。但是两人比较起来，王经理的过失更大。

再看后面的上诉环节。在每份可以上诉的判决书中，判决结果都会写一句话："双方当事人或某一方当事人对这个判决不服的，可以在 ×× 天内上诉到某某法院。"法律本身就有这个规定，而且高层已经授权可以聘请外面的律师，在这个情况下，张主任居然错过了上诉时间，张主任绝对构成重大过失、严重失职。

重大过失怎么理解？通俗来说，就是当事人处理某件事情时，只要稍微留点意、留点心，就能处理好，但是当事人就是没有留那么一点心、一点意，导致没有处理好。

2. 如何追究违纪违规、严重失职者的责任

按照内部制度规定，如果达到无条件解除劳动合同的程度的，用人单位可以与员工解除劳动合同。达不到解除程度的就给内部处分，如警告、记过等；如果内部规定了可以调岗调薪的也可以进行调岗调薪。当然，制度的制定需履行法定的民主程序，且具体内容需合法合理。

另外，大部分用人单位规定了"罚款"这个做法。罚款属于行政处罚的种类之一，我国《行政处罚法》规定，只有法律、法规规定享有行政处罚权的行政机关和法律、法规授权行使行政处罚权的组织才能行使处罚权；另外，允许用人单位对劳动者进行罚款的《企业职工奖惩条例》于 2008 年 1 月已被废止。所以主流观点认为用人单位是无权罚款的，罚款属于非法克扣工资的行为。

从多年的实践来看，工资结构的设计应先满足最低工资标准，再满足加班费（如有加班），后增设"浮动奖金"，最后才设计其他各类非法定的补贴、津贴。最低工资标准与加班费都属于强制性规定，无法规避。浮动奖金的发放需要附带相关发放的条件（如是否全勤、绩效是否达标、是否违纪违规、是否出现安全事故等），条件全部满足了就足额发放，不满足的就发一部分或全部取消；当然，什么情况下发多少，什么情况下全部取消，事先都要规定或约定清楚。例如，用人单位可以规定："员工实施严重违纪违规行为的，无权享受当月浮动奖金，而且单位有权无条件解除劳动合同。"

再者，如果员工的过错行为给用人单位造成损失、损害，用人单位可以要求员工赔偿。举个例子，某企业生产无线鼠标，假设每个原材料成本 20 元，正常废品率为 3%。有一天，员工小王为了赶速度，不按规定操作，导致 100 个里面出现了 20 个废品，与正常相比多了 17 个，给企业带来了 340 元的客观损失。此时企业可以要求他赔偿，从工资中抵扣，而对他的违规违章操作行为可以扣一定比例的奖金。扣奖金是针对过错行为，赔偿是针对过错行为带来的客观损失，不要混淆。需要注意的是，如果地方的工资支付文件对于损失赔偿有特别规定的，从其规定；如果没有规定的，则按 1994 年国家劳动部的《工资支付暂行规定》执行。

3. 如何理解"严重失职，营私舞弊，给用人单位造成重大损害"

这是《劳动合同法》第三十九条第三项的规定。这个条款包含了 3 种状态，这 3 种状态既有选择，也有并存。前面两种状态是二选一，但分别与后面的重大损害并存。关于营私舞弊，行为人的心态是故意的，而严重失职是非故意的。行为人在实施某个行为的瞬间，其心理状态要么是故意，要么是非故意，两者是二选一，不可能并存。所以，这个条款应该理解为：严重失职给企业造成重大损害的，企业有权无条件解雇；或者营私舞弊给企业造成重大损害的，企业也有权无条件解雇。

营私舞弊是故意违纪违规，是一种恶劣行为，相信大家不会否认。前面提到，对于恶劣行为，用人单位可以直接规定为严重程度；但是，按照这个条款，必须造成重大损害才能解雇，这无疑增加了用人单位的举证难度和败诉风险。举个例子，员工在外出差住酒店，假设一晚花费350元，两晚花费700元。退房时，员工给了前台10元小费，说："麻烦您开张900元的发票。"前台二话不说，就给该员工开了900元的住宿费发票。员工回到企业报销900元，这个行为就是营私舞弊。企业能否以"严重失职，营私舞弊，给用人单位造成重大损害"为由解雇他呢？可以说，企业败诉的概率非常高，因为200元达不到重大损害的标准。如果企业内部制度规定了"以任何手段骗取公司财物的构成严重违反规章制度，公司有权无条件解除劳动合同"，操作时引用内部这个条款，法律依据改为《劳动合同法》第三十九第二项"严重违反用人单位的规章制度的"，那么企业的胜诉概率就非常高。因此，对于无条件解雇的营私舞弊行为，用人单位可以将该具体行为直接规定为严重违反规章制度，将其放在"严重违反规章制度"的过错行为类别中。

另外，重大损害到底定多大金额才可以呢？这个没有统一的标准，它和当地的经济发达程度有关，和员工的平均收入有关。结合相关判决观点和我个人的经验，建议以当地最低工资标准的3倍作为重大损害的标准，中高层岗位适当提高一些，如4～5倍。当然，定得越高，风险就越低；如果定得过低，不排除仲裁员从合理的角度出发予以否定。

旷工与自离的防控及应对

1. 案例分析

【案情】

2008年1月上旬，小王入职A公司。公司员工手册规定：无故旷工3天及以上的视为自动离职。2016年2月5日（腊月二十七）至2月14日（正月初七）为A公司春节放假期间。2月14日（正月初七），部门经理拨打过小王的手机，双方通话时间约3分钟。2月15日（正月初八）起，小王没有再上班。2月17日（正月初十，周三），公司前台文员签收了小王特快过来的《要求公司支付经济补偿通知书》。19日（正月十二，周五），小王申请劳动仲裁，主张被部门经理口头解雇，要求公司支付违法解除赔偿金。2月23日（周二），公司收到劳动仲裁应诉资料。

双方争议：小王诉称，正月初七，部门经理电话通知其日后不用再上班，公司已将其解雇。公司辩称，放假前，小王曾向部门经理申请春节后请事假到2月底，部门经理不同意；正月初七，部门经理电话提醒小王明天准时报到上班；2月19日，公司内部张贴公告，称小王无故旷工3日以上，视为自动离职。

公司提供的证据有小王的员工手册培训签到表、小王2月的考勤记录、张贴自动离职公告的相片。

【分析】

多数管理者认为，员工从某一天开始没上班、没打卡，就属于旷工和自动离职。其实，没打卡只反映了没打卡的结果状态，无法证明不打卡的原因；没上班也只反映了没上班的结果状态，无法证明不上班的原因。没上班、没打卡，可能是员工旷工与自动离职造成的，也可能是企业领导口头解雇员工造成的，还可能是企业领导口头叫员工回家待岗造成的，可以说多因一果。因此，企业主张员工没上班、没打卡就属于旷工与自动离职，是不合理、不科学、不成立的。所以，在处理旷工与自动离职的案件中，空白的考勤记录又属于必要证据，而不是充分证据，缺了它有风险，只有它也有风险。

主流观点认为，关于解除环节，是谁提出解除、何时解除、解除理由有哪些，原则上由用人单位举证，举证不了的应承担不利后果。本案中，双方均无法举证证明电话沟通的内容，且企业张贴公告的做法原则上非法无效，起不到有效送达的作用，因此企业的败诉概率比较高，很有可能被推定违法解除或协商解除。

【建议】

对于旷工员工，管理者应在第一时间电话沟通（最好录音），了解其不上班的原因，若员工不上班的原因不合理，管理者在沟通中应催促其立即上班；若打不通电话，管理者应于当日下午或次日发出催告上班通知书。此催告行为有利于让仲裁员相信不存在企业领导口头解雇员工，因为在一般情况下，如果真的是领导口头解雇了员工，事后企业是不可能催他回来上班的。催告后仍不上班且达到一定天数的，即可以无故旷工达到严重程度给予解除劳动合同，发出特快专递。请记住，**对于旷工员工，应先催告，后解除合同！**

旷工多少天才构成严重程度？法律、法规没有明确。过往 10 年大量的判例表明，用人单位通过民主程序制定的内部制度规定连续旷工 3 天或 1 年内累计旷工 4 天即可。

送给各位朋友一个条款："只有甲方人力资源部才有权代表甲方解雇乙方及发出书面的解除劳动合同通知书，其他任何个人或者管理者的书面或者口头解雇决定一概无效。"现实中，很多企业的中高层经常会犯这个错误：和员工聊工作，聊着聊着脾气就上来了，一拍桌子就说"你明天不月回来了"，员工马上跑到劳动仲裁立案，主张被企业口头解雇。如前所述，企业风险非常大。

【2013年广州市关联判例】

法院认为：上诉人A公司主张吴某自2011年5月1日开始没有上班，连续旷工3天，属于严重违反公司的规章制度，上诉人可以解除与其的劳动合同关系，故自2011年5月4日起，上诉人与吴某的劳动合同关系已经解除。但上诉人至今没有提交证据证明存在其所陈述的规章制度，也未提供证据证明该规章制度已经告知吴某。上诉人也未就吴某所谓旷工的问题作出任何处理决定。因此，上诉人主张其已经解除了与吴某之间的劳动合同关系，缺乏事实和法律依据，本院依法不予采纳。

【2013年深圳市关联判例】

法院认为：被上诉人某公司提交的2013年1月25日制发的通告，虽表明不批准上诉人请假，但是没有证据证明该通告向上诉人送达或以有效方式告知上诉人通告内容。被上诉人提交的2013年1月29日制发的通告称多次拨打上诉人电话却联系不上，也没有相应证据支持。综合本案证据，应认定上诉人并无被上诉人所主张的旷工数日、严重违章、影响极坏和主动离职的情形。被上诉人以上诉人主动离职为由解除与上诉人的劳动合同，属于违法解除，依法应向上诉人支付赔偿金。

【2013年北京市关联判例】

法院认为：本案中，K公司主张根据公司的员工手册规定，月旷工

3 天以上，按照自动离职处理，本院认为 K 公司员工手册规定的"月累计旷工 3 天（含）以上，或年累计旷工 3 天（含）以上，按照自动离职处理，公司不承担相关经济责任"与法律、法规的规定相悖，如 K 公司认为李某存在旷工的行为应行使用人单位的解除权，而本案 K 公司并无证据证明 2013 年 4 月 7 日李某未到岗工作的原因系因李某个人原因所致，更无证据证明公司以李某旷工为由行使解除权，K 公司应就此承担举证不能的不利后果。

【2013 年上海市关联判例】

法院认为： 本案中，劳务派遣公司书面通知原告于 2013 年 6 月 24 日至莲花国际店报到，但原告届时未至该店报到。因 2013 年 6 月 25 日起原告未出勤，故用工单位 M 公司于 2013 年 7 月 30 日起，先后 3 次以 EMS 的形式书面通知原告办理相关请假手续或正常出勤，并告知原告不出勤或不办理请假手续的视作旷工。但原告在收到上述 3 份通知后，仅于仲裁审理期间提供了医院开具的至 2013 年 7 月 16 日的病情证明单。自 2013 年 7 月 17 日起既无证据证明原告办理了任何形式的请假手续，也无证据证明原告正常出勤或正常出勤遭公司拒绝的情况。根据 M 公司的员工手册规定，连续旷工 3 天以上的将受到辞退处分。原告也签署承诺书表示其已阅读员工手册并承诺愿意遵守。综上，M 公司据此认定原告连续旷工 3 天以上而于 2013 年 9 月 27 日将原告退回劳务派遣公司，劳务派遣公司并据此于 2013 年 10 月 11 日对原告作出解除劳动合同的决定，并无不妥。

2. 不送达解除通知书的后果

现实中，基层员工无故旷工、不辞而别，用人单位并没有做到"先催告后解除",而是仅在内部公告栏张贴自动离职的公告。全国各地大量判例表明,这种做法的风险非常大,日后员工申请仲裁或诉讼的,将存在两大结果及 5 个小结果。

结果一,认定从未解除劳动关系。细分为:(1)双方权利义务中止;(2)按待岗处理,用人单位需支付待岗生活费给员工。

结果二,认定事实上已经解除。细分为:(1)推定用人单位违法解除;(2)推定双方协商解除;(3)推定员工个人提出解除。

总之,关于解除环节,要么留下员工的书面辞职书,要么送达单位的解除通知书,要么留下员工签过名的书面离职材料。

【2012 年最高人民法院关联判例】

法院认为:书店关于郭某国等 4 人与书店不存在劳动关系的理由不充分,本院不予支持。郭某国等 4 人本是书店的正式职工,因工作需要先后派往文具厂工作,但人事关系仍在书店。郭某国、郭某安虽于 1993 年 12 月向书店写过辞职信,但未得到书店的同意并办理相关手续,不能认定二人已与书店解除劳动关系。书店虽作出过与黄某中解除劳动合同的决定,但不能充分证明已将该决定依法送达黄某中,不能认定书店已与黄某中解除劳动关系。书店虽称郭某国在 1994 年之后擅自离职多年,郭某国对此不予认可,书店一方面没有相应证据证实,另一方面也未对郭某国做过任何形式的处理。因此,再审判决认定郭某国等 4 人与书店未解除劳动关系并无不当。如前所述,郭某国等 4 人与书店未解除劳动关系,主要责任在书店,书店以郭某国等 4 人未提供劳动不支付他们的最低工资的理由不能成立。(注:河南省高级人民法院再审判决该书店需补发他们自 2002 年 11 月 1 日起至安置时止的工资,约 10 年。)

【2013年深圳市关联判例】

部分案情：1988年12月31日，巴士公司的员工朱某夫妇生育第二胎，当时未办理准生证。1989年8月13日，朱某夫妇被计划生育部门及巴士公司共同调查。朱某称，巴士公司口头通知对朱某夫妇（妻子曾某为公司售票员）停职，未收到巴士公司的书面通知，1989年9月，巴士公司停止发放朱某工资。巴士公司称，1991年2月1日，巴士公司解除了与朱某的劳动关系，并出具了书面通知，但巴士公司未能举证证明朱某收到解除通知。判决结果：巴士公司于本判决生效之日起10日内向朱某支付1989年10月1日至1996年12月26日的停工工资78255.90元及经济补偿金19563.97元。

【2014年上海市关联判例】

法院认为：劳动关系的解除需一方的解除意思表示到达另一方才能产生相应的法律后果，故虽然P公司解除的理由是杜某2014年2月1日至2月17日旷工，但并不代表P公司2014年2月17日就已将该解除劳动关系的意思表示传达到杜某，并产生解除的后果。根据前案的生效判决，认定P公司解除的意思表示直到2014年5月9日才到达杜某，故此前双方的劳动关系依然存续，P公司仍负有和杜某续签劳动合同的义务。

【2014年烟台市关联判例】

法院认为：被告作为用人单位理应履行对劳动者的管理义务，其未采用合法正当的手续通知或安排原告工作，也未向原告提出解除或终止劳动关系，其应履行《劳动法》及相关法律、法规规定的义务并承担相应的法律后果，故2012年4月至2014年9月15日期间被告没有安排原告工作，原告也未到其他单位工作，被告应按最低工资标准的70%支付原告基本生活费。

【2017年石家庄关联判例】

法院认为：……因此被告应该提供证据证实其履行告知义务的情况，在被告没有证据证明其是"清退"原告的情况下，应认定原告的申请未过申诉时效，故应恢复原告的劳动关系，被告应补发原告停工期间的工资，并支付赔偿金，且应为原告足额缴纳社会保险金。本案经审判委员会研究决定，依照《劳动法》第九十八条，参照原劳动部《违反〈劳动法〉有关劳动合同规定的赔偿办法》第三条及原劳动部《违反和解除劳动合同的经济补偿办法》第四条的规定，判决如下：一、恢复原审原告张某与原审被告A卫生和计划生育局的劳动关系；二、原审被告A卫生和计划生育局补发原审原告张某恢复工作前的工资并支付赔偿金（工资按原审原告张某被停工资时的483.5元计算，低于本地最低标准的，按最低标准计算，赔偿金按原告工资的25%计算，自1998年7月起至判决书生效之日止）；三、原审被告A卫生和计划生育局为原告缴纳1998年1月至判决生效之日止的社会保险金。

【2013年北京市关联判例】

法院查明：张某系K公司员工，双方曾产生劳动争议。2010年6月20日，北京市第一中级人民法院作出（2010）一中民终字第968×号判决，判决K公司与张某签订无固定期限劳动合同，支付张某2008年5月至2009年5月的工资并驳回张某的其他诉讼请求。2009年6月1日至2013年3月31日期间，张某未向K公司提供劳动，K公司也未支付劳动报酬。K公司主张未提供劳动的原因在于张某不愿意上班；张某主张未提供劳动的原因在于双方未能就无固定期限合同内容达成一致，故其无法提供劳动。上述期间，K公司未就双方之间劳动关系作出处理。

法院认为：（2010）一中民终字第968×号判决书判决K公司与张

某签订无固定期限劳动合同，之后，双方未就劳动关系作出处理，故2009年6月1日至2013年3月31日期间双方劳动关系存续。2009年6月1日至2013年3月31日期间，张某虽然未到岗工作，但鉴于双方劳动关系存续，故K公司应向张某支付上述期间的生活费34580元，K公司要求不支付张某2009年6月1日至2013年3月31日期间的基本生活费的主张，于法无据，法院不予采信。

证据的创制、收集与保留

1. 证据种类及必要的说明

根据《民事诉讼法》的规定，证据分为八大类：当事人的陈述、书证、物证、视听资料、电子数据、证人证言、鉴定意见、勘验笔录。

日常中用人单位内部可以创制与收集的证据只有前六类，后两类是不直接存在的。

视听资料是指以录音磁带、录像带、电影胶片或电子计算机相关设备存储的作为证明案件事实的音响、活动影像和图形；它包括我们平时所说的录音录像资料。对于视听资料证据，必要时当事人可以到公证处申请公证。

电子数据是指基于计算机应用、通信和现代管理技术等电子化技术手段形成包括文字、图形符号、数字、字母等的客观资料，如办公自动化（OA）系统的信息、电子邮件、互联网上的信息、手机短信、QQ聊天记录、微信朋友圈信息等。电子数据容易被篡改、伪造，其真实性未必会被仲裁员认可，或者仲裁员对此类证据的认定非常小心谨慎。必要时，当事人可以到公证处申请公证。另外，即使公证处出具了公证书，也不代表该证据客观真实，因为对于用人单位的内部系统或官网上的信息，有些公证书会载明"此公证书仅证明公证人员登录某某网页时所看到的信息，不代表登录前这些信息是否客观存在"。

【2013年深圳市关联判例】
法院认为： 刘某虽提交公证书中的附件5、6、9、10证明其主张，

但公司以刘某用自己的邮箱发给自己为由不予认可，且公证书载明仅是证明当事人现场操作电脑打印当时页面所得内容的记载，不证明电子邮件被提取之前的客观状况，也未对上述保全证据行为以外的事实予以证明。故刘某未能提交有效证据证明其主张，应承担举证不能的不利后果。

【2014年上海市关联判例】

法院认为： 陶某对上述邮件不予认可，根据提取该邮件公证书的记载，上述邮件系公司人力资源总监李某输入陶某邮箱用户名及密码后提取，此举表明公司可以进入陶某邮箱，邮件真实性难以确认，故本院对此不予采纳。

鉴定意见是指各行业专家对案件（项目）中的专门性问题所出具的专门性意见。在劳动争议案件中，比较常见的是笔迹司法鉴定和墨水形成时间司法鉴定。

勘验笔录就是人民法院指派的勘验人员对案件的诉讼标的物和有关证据，经过现场勘验、调查所做的记录。

2. 日常创制与收集证据

（1）员工实施违纪违规行为，部门经理应在第一时间通知人力资源部门，共同研究对策。很多部门经理欠缺法律风险意识、证据保留意识及保留技巧。

（2）人力资源部门应第一时间与当事人面谈沟通，必要时邀请工会成员与法务人员一起参与。沟通期间引导员工书写事情经过或书面解释相关问题，同时应制作谈话记录或会议纪要，并争取让员工签名确认。如果预感员工不会签名，那么在沟通过程中最好录音录像，争取把员工的"口头确认"录下来。

（3）人力资源部门应第一时间收集和违纪违规行为有关的其他证据，如物证、书证、证人证言。若当时员工的陈述与在场证人的陈述不一致，还可以让他们对质。

"第一时间"即"越快越好"。从 2000 年到现在，我接触了非常多的案例，发现了这个规律：违纪问题员工在事发现场，在事发 15 分钟内基本上精神比较紧张、思维比较混乱，用人单位的代表和他谈刚才的错误或问题，80% 的员工会口头承认事实。相反，员工回去休息几天，再谈前几天的事情，多数人不会承认！

录音录像怎么操作，才有机会被采纳？根据相关司法解释的规定，存在疑点的视听资料不能单独作为认定案件事实的依据；对于未经对方当事人同意私自录制其谈话取得的资料，只要不是以侵害他人合法权益（如侵害隐私）或者违反法律禁止性规定的方法（如窃听）取得的，仍可以作为认定案件事实的依据。

大量判决书表明，企业代表在工作场所与员工谈工作方面的事情，即使事先未告知员工，该录音录像也是合法有效的。当然，操作时需注意以下细节：最好能看得清或听得清人员分别是谁，例如，在面谈时可以让每个参与人员进行自我介绍；录制录像资料时，反映出具体的事发时间或者大概的时间段，如开场白可以聊聊最近国际或国内发生的一些新闻；不要询问员工私人问题或生活上的问题以免被认定侵犯个人隐私；聊天过程尽量放松、自然，企业代表不得强迫或威胁员工；录音录像信息在拷贝时不得剪辑、拼凑；作为证据提交时需附上必要的书面说明，说明当中与所证事实有关的重要细节；开庭时需携带录音笔、录像机、手机的录音录像设备的原始载体；尽量提交能与录音录像证据相互佐证的其他证据，如书证、物证、证人证言。

【2017年佛山市关联判例】

　　法院认为：诉讼中，孙某提供了录音资料证明其工资标准，Y公司虽对孙某提供的录音资料不确认，但并无在法定期限内申请鉴定予以推翻，应予采信。根据录音资料的记载，Y公司方负责处理孙某工伤赔偿事宜的负责人对于孙某每月实收工资为7000多元的事实是确认的。

【2017年北京市关联判例】

　　法院认为：对于录音证据，虽L网络科技北京公司对录音证据真实性不予认可，但录音所载谈话内容清晰指向本案当事人，清晰、直观地反映了双方劳动关系解除的具体过程，故在L网络科技北京公司未就该证据申请鉴定的情况下，法院对该证据的真实性、完整性予以采信。

【2016年杭州市关联判例】

　　法院认为：本案的争议焦点是梁某与S公司之间劳动关系的解除原因。S公司主张梁某签字的辞职申请可以表明系梁某主动向S公司提出辞职，故其无须向梁某支付经济补偿金。但从本案查明的事实来看，一方面，梁某签署辞职申请时，S公司确已拖欠梁某3个月工资；另一方面，梁某提交的2016年3月10日的录音证据对梁某签署辞职申请的全过程进行了记录，该证据载明梁某请求S公司支付拖欠的工资，但S公司要求梁某必须先签署辞职申请，且拒绝了梁某在辞职申请中写清"非因个人原因"的请求。原审法院据此认定梁某签署辞职申请并非其真实意思表示。

【2013年上海市关联判例】

法院认为：上诉人陆某与被上诉人M公司的法定代表人的谈话录音反映出被上诉人曾要求与上诉人签订劳动合同，但上诉人拒绝签订，在上诉人未提供相反证据的情况下，原审采纳被上诉人的陈述，认定被上诉人曾在2012年8月初向上诉人提交劳动合同、上诉人未予签字的事实，并无不当，故上诉人主张此时间节点后的未签订劳动合同双倍工资差额，缺乏事实依据，本院不予支持，原审对之前未签订劳动合同双倍工资差额的判决正确，本院对此予以维持。

用人单位开设顺畅的内部沟通渠道，形成良好的书面申诉、申辩的气氛与习惯，形成良好的自我批评、自我检讨的企业文化；养成填写《工作改进说明书》的习惯，以确认改进的原因及措施。

在调查过程中，不要对事件进行惩处方面的定性。调查是为了收集有利证据，为了给决策的制定提供依据；过早地让员工知道领导的想法，员工可能不配合。

对于违反《治安管理处罚法》《刑法》等违法犯罪行为，应第一时间保留证据，同时报警处理。

邀请第三方机构介入调查或向劳动仲裁部门、人民法院申请调查取证。某企业有3名员工带头罢工，参与罢工者多达数百人；罢工期间，劳动监察部门多次介入并主持谈判。事后企业解雇这3名带头者，但是劳动仲裁举证期间，企业没有充分证据证明他们带头罢工。企业与劳动监察部门多次充分沟通，并向劳动仲裁部门申请调查取证，最终劳动监察部门出具了罢工一事的证明及调查报告，调查报告显示事后接受调查的数十名劳动者一致指认该3名员工为带头者。最终，劳资双方达成了和解。

九、经济补偿与赔偿金

需支付经济补偿的情形

1. 劳动者解除劳动合同，用人单位需支付经济补偿的情形

关联法条

《劳动合同法》

第四十六条　有下列情形之一的，用人单位应当向劳动者支付经济补偿：

（一）劳动者依照本法第三十八条规定解除劳动合同的。

第三十八条　用人单位有下列情形之一的，劳动者可以解除劳动合同：

（一）未按照劳动合同约定提供劳动保护或者劳动条件的；

（二）未及时足额支付劳动报酬的；

（三）未依法为劳动者缴纳社会保险费的；

（四）用人单位的规章制度违反法律、法规的规定，损害劳动者权益的；

（五）因本法第二十六条第一款规定的情形致使劳动合同无效的；

（六）法律、行政法规规定劳动者可以解除劳动合同的其他情形。

用人单位以暴力、威胁或者非法限制人身自由的手段强迫劳动者劳动的，或者用人单位违章指挥、强令冒险作业危及劳动者人身安全的，劳动者可以立即解除劳动合同，不需事先告知用人单位。

《最高法院关于审理劳动争议案件适用法律若干问题的解释》（法释〔2001〕14号）

第十五条　用人单位有下列情形之一，迫使劳动者提出解除劳动合同

的，用人单位应当支付劳动者的劳动报酬和经济补偿，并可支付赔偿金：

（一）以暴力、威胁或者非法限制人身自由的手段强迫劳动的；

（二）未按照劳动合同约定支付劳动报酬或者提供劳动条件的；

（三）克扣或者无故拖欠劳动者工资的；

（四）拒不支付劳动者延长工作时间工资报酬的；

（五）低于当地最低工资标准支付劳动者工资的。

2. 用人单位解除劳动合同，需支付经济补偿的情形

关联法条

《劳动合同法》

第四十六条　有下列情形之一的，用人单位应当向劳动者支付经济补偿：

（二）用人单位依照本法第三十六条规定向劳动者提出解除劳动合同并与劳动者协商一致解除劳动合同的；

（三）用人单位依照本法第四十条规定解除劳动合同的；

（四）用人单位依照本法第四十一条第一款规定解除劳动合同的。

第三十六条　用人单位与劳动者协商一致，可以解除劳动合同。

第四十条　有下列情形之一的，用人单位提前三十日以书面形式通知劳动者本人或者额外支付劳动者一个月工资后，可以解除劳动合同：

（一）劳动者患病或者非因工负伤，在规定的医疗期满后不能从事原工作，也不能从事由用人单位另行安排的工作的；

（二）劳动者不能胜任工作，经过培训或者调整工作岗位，仍不能胜任工作的；

（三）劳动合同订立时所依据的客观情况发生重大变化，致使劳动合同无法履行，经用人单位与劳动者协商，未能就变更劳动合同内容达成协议的。

第四十一条　有下列情形之一，需要裁减人员二十人以上或者裁减不足二十人但占企业职工总数百分之十以上的，用人单位提前三十日向工会或者全体职工说明情况，听取工会或者职工的意见后，裁减人员方案经向劳动行政部门报告，可以裁减人员：

（一）依照企业破产法规定进行重整的；

（二）生产经营发生严重困难的；

（三）企业转产、重大技术革新或者经营方式调整，经变更劳动合同后，仍需裁减人员的；

（四）其他因劳动合同订立时所依据的客观经济情况发生重大变化，致使劳动合同无法履行的。

3. 劳动合同终止，需支付经济补偿的情形

关联法条

《劳动合同法》

第四十六条　有下列情形之一的，用人单位应当向劳动者支付经济补偿：

（五）除用人单位维持或者提高劳动合同约定条件续订劳动合同，劳动者不同意续订的情形外，依照本法第四十四条第一项规定终止固定期限劳动合同的；

（六）依照本法第四十四条第四项、第五项规定终止劳动合同的。

第四十四条　有下列情形之一的，劳动合同终止：

（一）劳动合同期满的；

（四）用人单位被依法宣告破产的；

（五）用人单位被吊销营业执照、责令关闭、撤销或者用人单位决定提前解散的。

【2014年最高人民法院判例】

法院认为：根据《劳动合同法》第四十四条第四项的规定，用人单位被依法宣告破产的，劳动合同终止。根据一审、二审判决载明的事实，Z公司于2010年10月25日被北京市第二中级人民法院裁定宣告破产，故二审判决认定唐某与Z公司的劳动合同于上述时点终止正确。

【2014年最高人民法院判例】

法院认为：由于《劳动合同法》并未明确规定在用人单位决定提前解散的情形下劳动合同终止的具体时点，本院认为，劳动关系的终止时点之确定：在用人单位决定自行解散的情形下，结合清算实务中的实践操作，应当以用人单位与劳动者办理终止劳动合同手续之日为终止时点为宜，二审法院关于陈某与T公司之间的劳动合同关系终止时点的认定正确。

4. 其他需支付经济补偿的情形

关联法条

《劳动合同法》

第四十六条　有下列情形之一的，用人单位应当向劳动者支付经济补偿：

（七）法律、行政法规规定的其他情形。

《劳动合同法实施条例》

第六条　用人单位自用工之日起超过一个月不满一年未与劳动者订立书面劳动合同的，应当依照劳动合同法第八十二条的规定向劳动者每月支付两倍的工资，并与劳动者补订书面劳动合同；劳动者不与用人单位订立书面劳动合同的，用人单位应当书面通知劳动者终止劳动关系，并依照劳动合同法第四十七条的规定支付经济补偿。

第二十二条　以完成一定工作任务为期限的劳动合同因任务完成而终止的，用人单位应当依照劳动合同法第四十七条的规定向劳动者支付经济补偿。

（注：这个情形并无区分是用人单位提出终止还是劳动者提出终止；即使劳动者主动提出终止，用人单位也应支付经济补偿。）

《最高法院关于审理劳动争议案件适用法律若干问题的解释（四）》
（法释〔2013〕4号）

第十三条　劳动合同法施行后，因用人单位经营期限届满不再继续经营导致劳动合同不能继续履行，劳动者请求用人单位支付经济补偿的，人民法院应予支持。

经济补偿的基数与年限

关联法条

《劳动合同法》

第四十七条　经济补偿按劳动者在本单位工作的年限，每满一年支付一个月工资的标准向劳动者支付。六个月以上不满一年的，按一年计算；不满六个月的，向劳动者支付半个月工资的经济补偿。

劳动者月工资高于用人单位所在直辖市、设区的市级人民政府公布的本地区上年度职工月平均工资三倍的，向其支付经济补偿的标准按职工月平均工资三倍的数额支付，向其支付经济补偿的年限最高不超过十二年。

本条所称月工资是指劳动者在劳动合同解除或者终止前十二个月的平均工资。

第九十七条第三款　本法施行之日存续的劳动合同在本法施行后解除或者终止，依照本法第四十六条规定应当支付经济补偿的，经济补偿年限自本法施行之日起计算；本法施行前按照当时有关规定，用人单位应当向劳动者支付经济补偿的，按照当时有关规定执行。

《劳动合同法实施条例》

第二十七条　《劳动合同法》第四十七条规定的经济补偿的月工资按照劳动者应得工资计算，包括计时工资或者计件工资以及奖金、津贴和补贴等货币性收入。劳动者在劳动合同解除或者终止前十二个月的平均工资低于当地最低工资标准的，按照当地最低工资标准计算。劳动者工作不满十二个月的，按照实际工作的月数计算平均工资。

我们根据上述关联法条，可得出以下结论。

经济补偿的计算基数为月工资。

月工资是指劳动者在劳动合同解除或者终止前 12 个月的平均工资；劳动者工作不满 12 个月，按照实际工作的月数计算平均工资。需要注意的是，离职前劳动者休病假，病假期间的工资待遇比较低；病假期间的工资待遇是否纳入离职前 12 个月的工资范围存在比较大的争议，不纳入则按正常标准，纳入则拉低了平均工资。

加班费也应纳入月平均工资；不过现实中，有些判例并未将加班费纳入。

月平均工资指的是扣减个税、社保及公积金前的应发工资。

月平均工资低于当地最低工资标准的，按照当地最低工资标准计算。

月平均工资高于当地社会上年度职工月平均工资 3 倍（即社会平均工资）的，以上年度职工月平均工资的 3 倍作为计算基数，同时经济补偿的年限最高不超过 12 年。

经济补偿按劳动者在本单位工作的年限，每满一年按一个月工资的标准向劳动者支付。6 个月以上不满一年的，按一年计算；不满 6 个月的，向劳动者支付半个月工资的经济补偿。结合《民法》的有关规定，6 个月以上是包括本数的，即 1 月 1 日至 6 月 30 日就属于 6 个月以上或满 6 个月；1 月 1 日至 6 月 29 日则属于不满 6 个月。多一天或少一天，经济补偿就存在半个月的差别。

需要注意的是，上述观点原则上适用于 2008 年 1 月 1 日以后，2007 年 12 月 31 日以前的适用以前颁布的政策法规。意味着，经济补偿应该分段计算，入职之日至 2007 年 12 月 31 日为一段，2008 年 1 月 1 日后至离职之日为一段。然而，过往十年，出现过一些不分段计算的判例，也出现过只要月均工资高于社平工资 3 倍的经济补偿从入职到离职全部按 12 个月计算，而不论劳动者的连续工龄是 20 年还是 30 年。从法理角度看，不分段计算经济补偿是错误的。

【2014年广东高院判例】

法院认为：关于经济补偿金年限问题，根据《劳动合同法》第四十七条第二款的规定，劳动者月工资高于用人单位所在直辖市、设区的市级人民政府公布的本地区上年度职工月平均工资3倍的，向其支付经济补偿的标准按职工月平均工资3倍的数额支付，向其支付经济补偿的年限最高不超过12年。双方劳动关系从1998年3月8日开始起算，至双方2013年2月16日解除劳动关系时止，一共15年，二审判决据此认为Z人寿广州分公司向殷某支付经济补偿金的年限为12年并无不当。

【2014年上海市判例】

法院查明：江某于2000年3月8日入职A建材超市公司，2013年6月3日，A建材超市公司以江某未经授权，以商店自行印刷海报的形式提前泄露公司商业机密、违反员工手册相关规定为由单方通知解除与江某的劳动合同。法院认为：因江某的月工资高于本市上年度职工月平均工资的3倍，故原审法院确认赔偿金的计算基数应为职工月平均工资3倍的数额。因江某在A建材超市公司的工作年限超过12年，故原审法院确认赔偿金计算的年限按照12年计算。原审法院判决A建材超市公司支付江某违法解除劳动合同的赔偿金337824元正确，本院予以维持。

2007年以前的经济补偿问题主要适用1994年国家劳动部的《违反和解除劳动合同的经济补偿办法》。但是，2017年11月24日，人力资源和社会保障部将其废止了。废止后，对于2007年以前的经济补偿如何计算，理论界与实务界均存在不同的声音。有些人认为，2007年以前的经济补偿基数与年限等问题应参照《劳动合同法》的规定执行；有些人认为，虽然此文件被废止，但是此文件在2007年以前是有效的，所以应继续适用此文件，如北京市。

2018年1月17日，北京市人社局调解仲裁处颁布了《关于〈违反和解除劳动合同的经济补偿办法〉（劳部发〔1994〕481）被废止后劳动争议处理若干问题的意见》，全文如下。

一、对于在《劳动合同法》颁布前入职的劳动者解除劳动合同经济补偿金计算问题

《劳动合同法》第九十七条第三款规定，本法施行之日存续的劳动合同在本法施行后解除或者终止，依照本法第四十六条规定应当支付经济补偿的，经济补偿年限自本法施行之日起计算；本法施行前按照当时有关规定，用人单位应当向劳动者支付经济补偿的，按照当时有关规定执行。该条款的规定是以法律的形式，确认了在《劳动合同法》实施前计算解除劳动合同经济补偿金的方法，且在1995年1月1日开始实施的《劳动法》中也有解除劳动合同需要支付经济补偿金的规定。因此在《违反和解除劳动合同的经济补偿办法》（劳部发〔1994〕481）（以下简称481号文）被废止后，对于在《劳动合同法》颁布前入职的劳动者解除劳动合同经济补偿金的计算，仍应依法以481号文有关规定为标准，但在制作裁决书时不再提及481号文，而直接表述为"依据《劳动合同法》第九十七条第三款的规定"。

二、关于医疗期满解除或终止劳动合同医疗补助费问题

关于医疗补助费不仅在481号文中有规定，在原劳动部《关于贯彻执行〈劳动法〉若干问题的意见》（劳部发〔1995〕309号）（以下简称309号文）、《关于实行劳动合同制度若干问题的通知》（劳部发〔1996〕354号）、原劳动部办公厅《关于因病或非因工负伤医疗期管理等若干问题的请示的复函》（劳办函〔1996〕40号）、《关于对劳部发〔1996〕354号文件有关问题解释的通知》（劳办发〔1997〕18号）也有类似规定，即劳动者在劳动合同期限内患病、非因工负伤医疗期满后，仍不能从事原工作也不能从事由单位另行安排的工作的，或者劳动合同终止时，医疗期满、医疗终结，由劳动能力鉴定委员会参照工伤与职业病致残程度鉴定标准进行劳动能力鉴定。被鉴定为一至四级的，办理因病、非因工负伤退休退职手续，享受相应的退休退职待遇；被鉴定为五至十级，解除或者终止劳动合同的，按规定支付经济补偿金并应当支付不低于六个月工资的医疗补助费。因此，劳动者患病、非因工负伤在解除或终止劳动合同时，主张医疗补助费的，仍应按照上述相关规范性文件的规定予以执行，但由于目前缺乏患重病和绝症的规范性依据，劳动者主张增加医疗补助费的，依照谁主张谁举证的原则，由主张者就患重病或者绝症提供证据，并参照481号文的规定执行。

三、关于劳动能力鉴定问题

481号文规定了劳动者患病或者非因工负伤，经劳动能力鉴定委员会鉴定，不能从事原工作也不能从事用人单位另行安排工作的，可以解除劳动合同。309号文规定，医疗期满后仍不能从事原工作也不能从事由单位另行安排的工作的，由劳动鉴定委员会参照工伤与职业病致残程度鉴定标准进行劳动能力鉴定。劳动能力鉴定本身属于劳动者的权利，如果劳动者拒绝进行劳动能力鉴定，用人单位直接解除劳动合同的，不应裁决因未经过劳动能力鉴定而属于违法解除劳动合同。

四、481号文第二条、第三条有关百分之二十五经济补偿金和第十条百分之五十额外经济补偿金不再执行

从多年的实践来看，上述北京市的观点有其合理之处。不过每个地方的情况不一样，可能理解与倾向亦有所不同，建议各位读者多留意所在地方的最新做法。

【案情】

老王于1992年6月20日入职A公司，2008年起双方签订无固定期限合同。2025年6月18日，公司以"劳动合同订立时所依据的客观情况发生重大变化，致使劳动合同无法履行，经双方协商，未能就变更劳动合同内

容达成协议"为由提前 30 天通知老王解除劳动合同。2025 年的社会平均工资为 1 万元，老王的平均工资为 5 万元。

【分析】

老王可以追讨多少经济补偿？

（1）正确做法，分段计算。2008—2025 年的经济补偿，由于个人月均工资超过社平均工资 3 倍，故以 3 万元作为基数，同时经济补偿的年限不超过 12 年，即经济补偿为 3 万元 ×12=36 万元。

1992—2007 年的经济补偿，由于存在争议，故分别计算：

参照《劳动合同法》的规定计算，经济补偿为 3 万元 ×12=36 万元；

继续适用劳部发〔1994〕481 号文件计算，经济补偿为 5 万元 ×16=60 万元。（此文第八条规定："劳动合同订立时所依据的客观情况发生重大变化，致使原劳动合同无法履行，经当事人协商不能就变更劳动合同达成协议，由用人单位解除劳动合同的，用人单位按劳动者在本单位工作的年限，工作时间每满一年发给相当于一个月工资的经济补偿金。"）

（2）错误做法，不分段计算。1992—2025 年之间的经济补偿为 3 万元 ×12=36 万元。

需支付赔偿金的情形

1. 违法解除或终止劳动合同的赔偿金

《劳动合同法》规定，用人单位违反本法规定解除或者终止劳动合同，劳动者可以要求继续履行劳动合同，也可以要求用人单位支付赔偿金（即两倍经济补偿）。支付赔偿金后，无须再支付经济补偿，即违法解除或终止劳动合同，用人单位需支付两倍经济补偿，而不是三倍经济补偿。但是对于 2007 年以前的工龄，是支付一倍经济补偿，还是支付两倍赔偿金，司法实践中存在不同的判决标准；从多年的实践来看，我认为，法理上应该支付两倍赔偿金。

【2013 年攀枝花市判例】

法院查明：罗某于 2006 年 1 月 1 日入职 K 公司，2012 年 2 月 1 日，双方第三次签订了有固定期限的劳动合同，合同期限为 3 年，担任队长职务。2013 年 7 月 29 日，K 公司免去罗某的采掘队长职务，解除与罗某的劳动合同，罗某离开了用人单位，用人单位未通知工会，罗某在 K 公司工作年限为 7 年 7 个月零 29 天。罗某离职前 12 个月平均工资为 4051.67 元。

法院认为：K 公司向罗某送达的免职并解除劳动合同文件，未注明解除事由和依据；同时，K 公司以书面文件的方式单方解除与罗某的劳动合同，应当事先将理由通知工会，K 公司未履行按法定程序通知工会的行为违反了《劳动合同法》，K 公司单方解除劳动合同的行为违法。罗某离职前的月平均工资为 4051.67 元，工作年限为 7 年 7 个月零 29 天，赔偿金计算为：4051.67 元 ×8 个月 ×2 倍 = 64826.72 元。

【2014年佛山市判例】

法院认为：根据《劳动合同法》第四十七条、第八十七条和《劳动合同法实施条例》第二十五条的规定，计算违法解除劳动合同赔偿金的工作年限为17年10个月，本院依法按18个月的工资标准计算。胡某离职前的12个月平均工资是3570.06元，那么L车轮公司应当支付的违法解除劳动合同赔偿金数额是3570.06元 ×18个月 ×2倍=128522.16元。胡某主张的赔偿金数额超过本院的核定范围，对于超出部分，本院不予支持。

何为违法解除或终止劳动合同？用人单位解除或终止劳动合同的理由、程序、证据若不符合法律的规定，则属于违法解除或终止。例如，用人单位以劳动者不适应企业文化为由解除劳动合同，属于违法解除，因为该理由在《劳动合同法》中根本不存在。再如，用人单位以劳动者殴打他人严重违反规章制度为由解除劳动合同，但是其提交的证据只有内部员工的证人证言，此证据不充分，故用人单位构成违法解除。

用人单位依据《劳动合同法》第四十条的规定解除劳动合同，但未提前30天通知劳动者，也未支付一个月代通知金，是否构成违法解除？

观点一：《劳动合同法》第四十条规定的3种情形均属于合法的解除理由，用人单位以此解除劳动合同，并不构成违法解除；用人单位如果没有提前30天通知，只要支付劳动者代通知金一个月工资即可。

观点二：根据《劳动合同法》第八十七条"用人单位违反本法规定解除或者终止劳动合同的，应当依照本法第四十七条规定的经济补偿标准的二倍向劳动者支付赔偿金"之规定，用人单位解除劳动合同必须100%符合《劳动合同法》的规定，解除过程中出现任何与《劳动合同法》不相符的情形，均构成违法解除，需承担相应的法律责任（即支付双倍经济补偿或继续履行劳动合同）。

从多年的实践来看，我认为，观点一属于传统做法，观点二符合法律的规定，完全符合法律解释中的"字面解释"理论。用人单位若以《劳动合同法》第四十条规定解除劳动合同，最好提前 30 天通知劳动者或主动支付代通知金，以免被认定为违法解除。

【2017 年济南市判例】

法院认为：本案中，山东某馆因贯彻落实山东省政府购买服务岗位有关政策，致使其与张某建立劳动关系时所依据的客观情况发生重大变化，双方之间的劳动合同无法继续履行，且双方未就解除劳动合同达成一致意见。根据《劳动合同法》第四十条第三项的规定，用人单位提前三十日以书面形式通知劳动者本人或者额外支付劳动者一个月工资后，可以解除劳动合同。

山东某馆于 2016 年 6 月 14 日就解除劳动关系协议书及某馆聘用人员经济补偿表进行了公示，并于 2016 年 6 月 17 日通知张某到单位办理解除劳动合同的相关手续，因双方对于解除劳动合同协商不成，山东某馆以书面形式通知张某解除劳动合同的时间为 2016 年 7 月 2 日，山东某馆未按法律规定提前 30 天通知劳动者解除劳动合同，其也未以向劳动者额外支付一个月的工资为条件解除劳动合同，故山东某馆存在违法解除劳动合同的情形。张某有权要求山东某馆向其支付违法解除劳动合同的经济赔偿金 49770 元。

关于张某主张山东某馆因未提前 30 天书面通知其解除劳动合同应向其额外支付一个月工资，鉴于用人单位因违法解除劳动合司已经按照法律、行政法规的规定支付了经济赔偿金，承担了相应的法律责任，无须另行支付一个月工资。

2. 克扣拖欠工资报酬等产生的赔偿金

关联法条

《劳动合同法》

第八十五条 用人单位有下列情形之一的，由劳动行政部门责令限期支付劳动报酬、加班费或者经济补偿；劳动报酬低于当地最低工资标准的，应当支付其差额部分；逾期不支付的，责令用人单位按应付金额百分之五十以上百分之一百以下的标准向劳动者加付赔偿金：

（一）未按照劳动合同的约定或者国家规定及时足额支付劳动者劳动报酬的；

（二）低于当地最低工资标准支付劳动者工资的；

（三）安排加班不支付加班费的；

（四）解除或者终止劳动合同，未依照本法规定向劳动者支付经济补偿的。

《最高法院关于审理劳动争议案件适用法律若干问题的解释（三）》

第三条 劳动者依据劳动合同法第八十五条规定，向人民法院提起诉讼，要求用人单位支付加付赔偿金的，人民法院应予受理。

《劳动合同法》第八十五条写得很清楚，拖欠克扣相关费用款项，需加付赔偿金，但此条款不直接适用于劳动仲裁与法院诉讼，而是适用于劳动监察部门行政执法。在司法实践中，如果劳动者能举证证明曾到劳动监察部门投诉、举报，但未果，那么人民法院将予以受理，且极可能判决用人单位加付赔偿金。

3. 违法约定试用期的赔偿金

关联法条

《劳动合同法》

第八十三条　用人单位违反本法规定与劳动者约定试用期的，由劳动行政部门责令改正；违法约定的试用期已经履行的，由用人单位以劳动者试用期满月工资为标准，按已经履行的超过法定试用期的期间向劳动者支付赔偿金。

此部分内容在前面"试用期法律风险"中分析过，在此不再赘述。

十、规章制度与员工手册

被迫解除

案例分析

【案情】

2015年1月初，老王入职A公司，2016年年底老王申请当年度的年休假10天，最终公司依据内部制度"在本公司工作1年以上10年以下的享受5天年休假"的规定批准老王年休假5天。数天后，公司收到老王的特快专递，内容为"公司制度违法侵权被迫解除劳动关系并索赔年休假工资及经济补偿"。经查，老王的累计工龄已达17年。公司HR经理随即到劳动部门咨询是否补发年休假工资即可，但劳动部门的答复为公司败诉，建议公司调解。

【分析】

《劳动合同法》第三十八条规定："用人单位有下列情形之一的，劳动者可以解除劳动合同：（四）用人单位的规章制度违反法律、法规的规定，损害劳动者权益的"劳动者被迫解除需同时符合两个条件：一是单位的制度违法，二是单位执行该制度时损害劳动者权益。本案中，这两个条件均存在，故劳动者的胜诉概率非常高。如果单位的制度改为"年休假的天数按照国家有关规定执行"，单位依然只安排老王5天年休假，那么老王被迫解除的成立概率将大大降低，因为修改后的制度并没有违法，只是笼统、不清晰而已。多年来，我发现很多用人单位的制度偶尔出现"参照有关规定执行"的字眼，估计也是在规避这个法律风险。当然，我们倡导广大用人单位合法经营与规范管理。

规章制度、员工手册常见的问题

除了在其他章节中提到的问题外，用人单位的规章制度、员工手册还存在下列问题。

1. 文字表述不当，措辞欠准确

很多年轻人的口文表述比不上老一辈，一是读书期间学习中文的时间少了，二是网络语言冲击了传统中文。例如，北京 A 公司的制度中规定"职工应防止在禁烟区吸烟"。"应防止"读起来明显不顺畅，此条款应改为"禁止任何职工在禁烟区吸烟"或"任何职工不得在禁烟区吸烟'。再如，上海 F 公司的制度中规定"职工不要打架斗殴"。"不要"一词过于温和。站在中文与法律的角度看，对于不希望职工实施的行为应采用"禁止"或"不得"，否则难以达到想要的效果。

2. 规定了本应在合同协议中约定的事项

有些内容约定在合同协议中的效力高于在规章制度中的效力，有些内容必须约定在合同协议中，如违约金。违约金是指按照当事人的约定或者法律规定，一方当事人违约时，应向另一方支付的金钱。违约金必须写在合同或协议上，否则不成立；是否写在制度中则无关紧要。

3. 缺少可操作性

很多用人单位的制度没有写清楚什么情况下需要做什么、谁来做、为什么做、何时做、在哪儿做、如何做、做多少。规章制度除了单位的愿景、使命、价值观、经营理念、企业文化等精神层面的东西外，其他内容条款均应具有可操作性，规章制度的出台是为了解决工作上可能出现的问题，否则没有任何价值。

4. 重复劳动，画蛇添足

大部分用人单位喜欢把法律条款原封不动地搬到制度中。从多年的实践来看，我认为，常用的法律、法规已经有明确规定的，在制度中适当提一下即可。原封不动地搬，坏处是很多单位在搬用法律条款时往往断章取义，删掉条款中其他必不可少的词组、字眼，反而构成了内部制度违法。例如，深圳某公司的制度规定"员工不胜任工作的，公司可以直接解除劳动合同。"

5. 没有充分利用制度，发挥其应有的作用

法律没有明确规定的、规定不清楚的、存在争议的情形，应该在规章制度中加以明确。如《劳动合同法》第三十九条第一项规定，试用期间劳动者被证明不符合录用条件的，用人单位可以解除劳动合同。何为不符合录用条件、包括哪些情形，法律、法规并没有进一步规定。因此，用人单位应在制度中补充、完善"不符合录用条件"的相关情形。

6. 制定主体不合格或不合法

众所周知，主体不合法，意味着其没有资格出台制度，即该主体以其名义制定、出台的制度肯定不合法。如××公司办公室行为规范以办公室的名义出台，财务管理规定以财务部的名义出台，业务员提成制度以销售部的名义出台，仓库管理条例以仓管部的名义出台。

7. 集团公司的制度当然适用于下面独立的二级公司

理论上，劳动者有义务遵守与其建立劳动关系的用人单位的规章制度，

并无义务遵守该用人单位的上级主管部门或投资方公司的规章制度。最安全的做法是，集团公司出台制度后，二级单位把全部内容搬过来，并以自身名义履行法定民主程序进行颁布。

【2014年合肥市关联判例】

法院认为：根据我国《劳动合同法》相关规定，用人单位在制定、修改或者决定有关劳动报酬、工作时间、休息休假、劳动安全卫生、保险福利、职工培训、劳动纪律以及劳动定额管理等直接涉及劳动者切身利益的规章制度或者重大事项时，应当经职工代表大会或者全体职工讨论，提出方案和意见，与工会或者职工代表平等协商确定。本案中，D公司合肥分公司诉称依据公司规章制度对谈某旷工3天的情形可依规解除劳动合同的理由不充分。由于其在庭审中陈述其分公司所依据的规章制度系引用案外人K控股有限公司制定的规章制度，且对此引用的规章制度并未经其上级开办机构杭州D公司依照法律规定经过职工民主议定程序协商确定，故D公司合肥分公司援引其他公司规章制度规定认定谈某旷工3天即解除劳动合同的做法于法不符。

---

8. 总公司的制度当然适用于其他地区的分公司和办事处

分公司和办事处并非独立的法人单位，员工有义务遵守总公司的规章制度；但是处于外地的分公司和办事处的员工在工作地申请劳动仲裁及提起诉讼，适用总公司注册地的政策法规，还是适用员工工作地的政策法规？

依据《劳动合同法实施条例》第十四条规定，应该适用工作地的政策法规。因此，总公司在制定规章制度时必须考虑分公司和办事处所在地的特殊规定，不应以总部所在地的政策法规统管全国。例如，总部位于上海的 DB 物流公司，其制度规定女职工的生育奖励假为 30 天（这是上海的标准），2016 年，广东地区的该公司的女员工要求按广东的标准享受奖励假 80 天。据了解，该物流公司以集团统一管理标准为由无数次拒绝广东地区的女员工按广东的标准享受奖励假。

9. 内容前后矛盾

这是广大用人单位的通病，在内部不同的制度中存在矛盾、冲突的规定。法理上，将以有利于劳动者为原则做出解释，即推定对用人单位不利，对劳动者有利。例如，在广州 C 公司的制度中，"考勤办法"规定"委托他人打卡的给予警告处分"，而在"奖惩条例"中规定"委托他人打卡的给予记过处分"，显然，不同的制度就相同的问题做出了矛盾的规定。

【2015 年绍兴市关联判例】

法院查明：原告吕某于 2010 年 3 月进入被告处工作。被告经过职工代表大会会议表决制定了员工劳动纪律及考勤、请假管理制度和安全生产学习手册，并将上述内容予以公示。员工劳动纪律及考勤、请假管理制度第一条第六点规定：不得在公司内打架或赌博……违反上述条款的统一作辞退处理；安全生产学习手册规定：在车间内打架的每人罚 30 分，情节恶劣的移交当地公安部门，并作辞退处理。

显然，该用人单位的两份制度文件中关于"打架解雇条件"的设定是不同的，劳动者会产生打架需达到"情节恶劣"才能解雇的误解。

10. 没有证据证明已经履行法定民主程序

依据《劳动合同法》第四条的规定，民主程序包括三大环节：共同讨论、协商确定、公示或告知。至今，依然有很多用人单位没有履行这个程序，或者没有证据证明其履行了这个程序。在我的印象中，用人单位履行了前面两个环节，但未履行第三个环节的，规章制度被否定的概率高达 90%；未履行前面两个环节，但履行了第三个环节的，规章制度被否定的概率高达 70%。

【2015 年杭州市关联判例】

法院认为：……H 公司杭州分公司陈述系以中层管理人员任月管理规定为依据，对张某作出降职和调整工资待遇的决定，但该规章制度仅由 H 公司杭州分公司人力资源部草拟，向公司各部门主管征求意见后制定，制定未经过民主程序，制定后仅以电子邮件的形式向员工发送，也未向劳动者公示，不能作为对 H 公司杭州分公司两次降职处理的依据，H 公司杭州分公司据此降低张某的工资待遇缺乏依据，张某要求 H 公司杭州分公司补发 2014 年 1 月 1 日至 5 月 26 日少发的工资，该院予以支持。

【2014 年天津市关联判例】

法院认为：本案中，原告公司主张被告宫某违反了公司的规章制度，虽提交了照片打印件证实其主张，但由于照片中只有地点没有人物，从中无法看出被告有在禁烟区吸烟的行为，且原告未提交相关证据证明公司经民主程序制定该规章制度，并将该规章制度告知被告，故原告与其解除劳动关系的行为，系违法解除，应当向被告支付违法解除劳动合同赔偿金。

11. 增设企业不必要的义务与责任

这个观点在其他章节已经分享过，在此不再赘述。

【2014年德阳市关联判例】

法院查明：德阳C机械有限公司规章制度文件汇编规定，"原则上公司提前一个月通知被辞退员工，并按辞职审批权限审批执行。被辞退人员在接到辞退通知30日内必须办理完离职手续。"2013年6月，被告张某上班1天（3日），7月上班3天（9日、10日、12日），8月上班5天（8日、9日、13日、14日、15日）。2013年8月22日，原告C公司向被告张某短信告知：因您旷工7天，限您明、后两天内回公司上班，否则按旷工处理开除并解除劳动合同。2013年8月26日，原告C公司向被告张某出具解除（终止）劳动关系通知书，载明：现正式通知您与本单位解除劳动合同关系，从2013年8月26日起生效……

法院认为：原、被告签订的《劳动合同书》系双方真实意愿表示，且不违反法律、法规强制性规定，应属合法有效。德阳C重型机械有限公司规章制度文件汇编（以下简称《制度文件汇编》）属双方合同附件，具有与合同同等的法律效力。其中制度文件汇编第81页"辞退程序"明确规定"公司提前1个月通知被辞退员工"，而2013年8月26日，原告向被告出具解除劳动关系通知书，违反了该条规定，应属违法解除劳动关系。

劳动者严重违纪违规的，用人单位可以即时无条件解雇，但这家公司自我增设了提前30天通知的义务，最终导致自己败诉。

与法律风险防控有关的制度协议文书

与人力资源管理有关的制度文书非常多，在此我们重点罗列一下与法律风险防控有关的文书。

《岗位说明书》《绩效协议》《目标责任书》《考核评价表》等。它们与如何界定及证明劳动者不符合录用条件、不能胜任工作、严重失职等有关。

制度与流程。简单地说，制度是解决该不该做的问题，流程是解决如何做的问题，它们的重要性与必要性不需要多说。必要的制度与流程包括招聘管理、入职离职管理、劳动合同（劳动关系）管理、考勤管理、假期管理、绩效管理、薪酬福利管理、培训管理、保密管理、奖惩管理、申诉管理等。

合同与协议，如劳动合同、培训服务协议、竞业限制协议、保密协议、实习协议、返聘协议、非全日制用工协议、待岗协议、离职协议等。

流程文书、表单、表格，如录用通知书、入职登记表、入职须知、转正审批表、请假申请表、旷工催告通知、调岗调薪通知、处分通知、解除通知、终止通知、续约通知、离职交接表、离职证明等。

制定规章制度民主程序的操作要点

《劳动合同法》

第四条　用人单位应当依法建立和完善劳动规章制度，保障劳动者享有劳动权利、履行劳动义务。

用人单位在制定、修改或者决定有关劳动报酬、工作时间、休息休假、劳动安全卫生、保险福利、职工培训、劳动纪律以及劳动定额管理等直接涉及劳动者切身利益的规章制度或者重大事项时，应当经职工代表大会或者全体职工讨论，提出方案和意见，与工会或者职工代表平等协商确定。

在规章制度和重大事项决定实施过程中，工会或者职工认为不适当的，有权向用人单位提出，通过协商予以修改完善。

用人单位应当将直接涉及劳动者切身利益的规章制度和重大事项决定公示，或者告知劳动者。

根据《劳动合同法》第四条的规定，民主程序包括三大步骤：共同讨论、协商确定、公示或告知。但是，只有在制定、修改或决定与劳动者切身利益相关的规章制度或重大事项时，才需要履行前面两个步骤；不涉及劳动者切身利益的则无须履行前面两个步骤。例如，财务管理中员工如何请款与报销，属于事务性的手续问题，与人的利益无关，因此无须履行这两个步骤。

不论是否涉及劳动者的切身利益，所有的规章制度都应该告知劳动者，否则不产生约束力，对劳动者无效。

一般情况下，用人单位制定规章制度的步骤如下。

1. 提出议案

相关管理者或部门向总经理提出制定某项规章制度的建议，阐述制定的目的与适用范围。

2. 审查、立项

通常是由人力资源部或总经办就该制度制定的必要性、谁负责起草、起草的进程等进行审查后呈交总经理批准。

3. 确定制度的大纲

收集并参考相关范本，结合实际情况，形成草案，必要时邀请法务人员把关。

4. 召开职工代表大会或职工大会，征求他们的意见

操作时，也可以不召开大会；将草案交给职工代表，让他们在合理期限内反馈书面意见（记得签名）即可。

5. 完善草案，形成初稿

必要时可以再次征求员工意见；这个环节也可邀请法务人员把关。

6. 与工会或职工代表协商，确定最终稿

与工会协商，具体如何操作，法律并没有明确。我们建议，如果有职工代表的，则召开职工代表大会，过半数同意即可；有工会但无选举职工代表的，则召开工会委员会议，力争 2/3 以上的委员同意，后工

会出具函件给用人单位，告知"工会对该制度无意见，同意该制度的出台"；如果无工会，也无职工代表的，召开全体职工大会，过半数同意即可。当然，同意的人数越多越好。这个步骤需保留的证据有会议签到表、制度初稿签收单、会议纪要（全体参会人员签名）、现场拍照或录音、录像等。

【2015年上海市关联判例】

法院查明：……L超市提供上海L超市发展有限公司工会、工会委员会于2007年12月7日向一届二次职工代表大会出具的《情况报告》，言明：2007年12月7日召开职工代表视频会议，总会场有表决权的与会人员共101人，各分会场有表决权的与会人员共84人，共计185人，经表决185人同意通过员工手册。

一审法院认为：L超市称上述决定依据员工手册，并列举工会出具的情况说明证明员工手册的民主形成过程，因相关工会未到庭作证，且L超市未就情况说明上所称的开会讨论、表决人数、表决数据提供进一步证据佐证，故仅凭一纸说明，法院尚无法认定情况说明的真实性，或员工手册系经民主形成，因此员工手册不能成为《劳动法》意义上解决本案纷争的依据。

二审法院认为：本案中，L超市已经提供证据证明了员工手册系经职工代表大会讨论通过，符合须经民主程序制定的法定要求，可以作为L超市进行企业内部管理的制度依据。

注：用人单位一审败诉，二审胜诉，不同法官有不同的理解，我觉得单位的证据值得商榷。如果单位提供了录音录像证据佐证，那么胜诉概率非常高。

7. 颁发总经理签发、颁布制度（这是管理角度上的操作）

8. 进行法律上的公示或告知劳动者

公示或告知，二选一，其含义是送达劳动者。送达的方式通常有书面签收、劳动合同约定制度作为附件、制度培训签到、培训后书面考试、墙壁公告栏公告拍照、内部办公系统公示、内部邮箱系统群发。后3种做法的风险比较大，不好举证，真实性难以认定。

【2014年深圳市关联判例】

法院认为：被告何某于2012年签订的员工聘用合同格式文本中载明"已收到原告管理条例及部门管理条例并已详阅"，但员工聘用合同中并未明确列举规章制度及管理条例的具体名称，因此，不能证明被告已知晓员工宿舍管理规定，故员工宿舍管理规定不能作为原告与被告解除劳动合同的依据。另外，处罚通知及公示照片系原告单方制作，被告予以否认，本院亦不予采信。综上，原告辞退被告的行为缺乏事实和法律依据，构成违法解除劳动合同。

职工代表大会的相关问题

关于职工代表大会如何组建、议事，如果地方有特别规定的，从其规定；无特别规定的，可以参照下列做法。

与企业签订劳动合同建立劳动关系以及与企业存在事实劳动关系的职工，有选举和被选举为职工代表大会代表的权利。依法终止或者解除劳动关系的职工代表，其代表资格自行终止。

职工代表由工人、技术人员、管理人员、企业领导人员和其他方面的职工组成。其中，企业中层以上管理人员和领导人员一般不得超过职工代表总人数的 20%。有女职工和劳务派遣职工的企业，职工代表中应当有适当比例的女职工和劳务派遣职工代表。

【2015 年广州市关联判例】

法院认为：《劳动合同法》第四条规定，用人单位制定或者修改劳动报酬等直接涉及劳动者切身利益的规章制度或者重大事项时，应当经职工代表大会或者全体职工讨论，提出方案和意见，与工会或者职工代表平等协商确定……绩效管理办法（2014 年度）属于涉及劳动者劳动报酬的重大制度，根据上述规定应经职工代表大会或全体职工讨论，与工会或职工平等协商。此处的全体职工和职工代表显然包含劳务派遣的劳动者。F 公司认为全体职工不包括劳务派遣的劳动者，依据不充分，本院不予采纳。F 公司未提供证据证明绩效管理办法（2014 年度）在制定时经过职工代表大会或者全体职工讨论或者职工代表的平等协商，在程序上存在不当。

职工代表人数不少于全体职工人数的 5%，最少不少于 30 人。职工代表人数超过 100 人的，超出的代表人数可以由企业与工会协商确定。

职工代表应当以班组、工段、车间、科室等为基本选举单位由职工直接选举产生。规模较大、管理层次较多的企业的职工代表，可以由下一级职工代表大会代表选举产生。

选举、罢免职工代表，应当召开选举单位全体职工会议，会议应有 2/3 以上的职工参加。选举、罢免职工代表的决定，应经全体职工的过半数通过方为有效。

职工代表实行常任制，职工代表任期与职工代表大会届期一致，可以连选连任。职工代表出现缺额时，原选举单位应按规定的条件和程序及时补选。

职工代表大会根据需要，可以设立若干专门委员会（小组），负责办理职工代表大会交办的事项。专门委员会（小组）成员人选必须经职工代表大会审议通过。

职工代表按照基层选举单位组成代表团（组），并推选团（组）长。可以设立职工代表大会团（组）长和专门委员会（小组）负责人联席会议，根据职工代表大会授权，在职工代表大会闭会期间负责处理临时需要解决的重要问题，并提请下一次职工代表大会确认。联席会议由企业工会负责召集，联席会议可以根据会议内容邀请企业领导人或其他有关人员参加。

职工代表大会每年至少召开一次。职工代表大会全体会议必须有 2/3 以上的职工代表出席。

职工代表大会议题和议案应当由企业工会听取职工意见后与企业协商确定，并在会议召开七日前以书面形式送达职工代表。

职工代表大会可以设主席团主持会议。主席团成员由企业工会与职工代表大会各团（组）协商提出候选人名单，经职工代表大会预备会议表决通过。其中，工人、技术人员、管理人员的数量不少于 50%。

职工代表大会选举和表决相关事项，必须按照少数服从多数的原则，经全体职工代表的过半数通过。对重要事项的表决，应当采用无记名投票的方式分项表决。

职工代表大会在其职权范围内，依法审议通过的决议和事项具有约束力，非经职工代表大会同意不得变更或撤销。企业应当提请职工代表大会审议、通过、决定的事项，未按照法定程序审议、通过或者决定的无效。

十一、工伤保险与工伤事故

应当认定为工伤或者视同工伤的情形

以下应当认定为工伤或视同工伤的情形,均来自国务院《工伤保险条例》的规定。

1. 在工作时间、工作场所内,因工作原因受到事故伤害的

关联法条

《最高人民法院关于审理工伤保险行政案件若干问题的规定》

第四条 社会保险行政部门认定下列情形为工伤的,人民法院应予支持:

(一)职工在工作时间和工作场所内受到伤害,用人单位或者社会保险行政部门没有证据证明是非工作原因导致的;

(二)职工参加用人单位组织或者受用人单位指派参加其他单位组织的活动受到伤害的;

(三)在工作时间,职工来往于多个与其工作职责相关的工作场所之间的合理区域因工受到伤害的;

(四)其他与履行工作职责相关,在工作时间及合理区域内受到伤害的。

这个"三工"比较直观,容易理解。需要注意的是,上述司法解释第四条第一项的规定,应该理解为:职工在工作时间和工作场所内受到伤害,如果有证据证明是与工作无关的个人行为导致的,就不属于工伤。

如何理解司法解释第四条第二项"参加活动"?

《关于执行〈工伤保险条例〉若干问题的意见（二）》（人社部发〔2016〕29号）第四条规定："职工在参加用人单位组织或者受用人单位指派参加其他单位组织的活动中受到事故伤害的，应当视为工作原因，但参加与工作无关的活动除外。"但是，何为与工作有关，何为无关，见仁见智。单位安排的如集体旅游、聚餐算不算，这在司法实践中存在争议，狭义理解和广义理解将导致不同的判决结果。从狭义角度说，这种行为并不是在劳动和生产，与工作无关；从广义角度说，这种行为是为了让员工暂时歇一歇、放松一下，为了增强员工对单位的认同感，为了提高员工的积极性和责任感，归根到底离不开工作。

【2014年珠海市关联判例】

法院查明： 2013年5月2日，Y公司发出旅游通知，通知定于2013年5月5日至6日组织全体员工外出旅游，旅游地点为深圳东部华侨城。时某某报名参加。2013年5月6日14时20分许，时某某与公司其他员工一起在深圳东部华侨城茶溪谷游玩拍照，在拍摄一些有难度的动作时，时某某悬空跳起，左脚先着地后没有站稳，向后摔倒。时某某当时未在意，继续游玩。5月7日，时某某感到不适，到珠海市人民医院诊治，医院诊断为左膝扭伤。后时某某转至广东省中医院珠海医院诊治，被诊断为：左膝半月板损伤，左膝关节多发韧带损伤。2013年10月12日，Y公司向香洲区人社局提交了对时某某的工伤认定申请，并就延迟申报做了情况说明。香洲区人社局审查后当日予以受理，并作出工伤认定申请受理通知书。

法院认为： 用人单位要求或鼓励参加的集体活动，可以被认为是工作的一个组成部分，应属于工作原因。首先，从工伤保护的立法宗旨和法律原则来看，其目的是为了预防工伤事故发生、分担事故风险、保护劳动者合法权益。新修订的《工伤保险条例》扩大了属于工伤情形的具体范围，体现了以人为本和保护弱势群体的精神，将参加单位组织集体活动受到伤害的情形纳入工伤范围，符合《工伤保险条例》的立法目的。其次，单位组织员工旅游的行为属于与工作相关的行为，可参照"因工外出"的认定。单位组织员工集体活动，从行为定性分析属单位集体行为，而不是员工私利行为，单位是集体活动的倡导者、组织者、管理者、交通工具提供者、资金提供者，员工在外出集体活动中，始终处于单位组织的管理中，员工始终是被管理的状态。从单位组织员工集体活动的目的看，旨在调节员工身心，提高员工工作的积极性，增强凝聚力。单位组织员工集体活动是单位福利待遇的另一种表现形式。期间发生伤害，应该获得医疗救治和经济补偿，组织者要对整个集体活动过程负责。《国务院法制办公室对〈关于职工参加单位组织的体育活动受到伤害能否认定为工伤的请示〉的复函》指出，作为单位的工作安排，职工参加体育训练活动而受到伤害的，应当依照《工伤保险条例》第十四条第一项中关于"因工作原因受到事故伤害的"的规定，认定为工伤。据此时某某所受之伤也可认定为工伤。

本案中，时某某参加的旅游活动是由 Y 公司组织并承担经费的企业文化活动，Y 公司将员工参加旅游活动视为正常出勤，并计算工资。这说明 Y 公司组织旅游的目的是放松职工身心，增强和改善单位团队的沟通与协作能力，更好地促进公司绩效。时某某在公司要求下参加上述活动应属于工作范畴，符合《工伤保险条例》以及《广东省工伤保险条例》规定的因工外出期间，因工作原因受伤的情形。

【2015 年济宁市关联判例】

法院认为：关于张某某在参加单位组织的旅游途中发生非本人主要责任的交通事故伤害应否认定为工伤的问题。从各方当事人的陈述看，被上诉人组织其员工参加的旅游活动带有福利性质，由企业出资，员工是否参加出于自愿，不带有强制性，其内容也与工作原因及履行工作职责无关，更不属于被上诉人指派上诉人张某某参加的活动，因此上诉人金乡县人社局将上诉人张某某参加该旅游活动视为"因工外出期间"不当，将其因在旅游途中发生交通事故伤害认定为符合"因工外出期间，由于工作原因受到事故伤害"应当认定为工伤的情形，系适用法律错误，一审法院判决撤销上诉人金乡县人社局作出的涉案认定工伤决定并无不当。上诉人上诉理由欠妥，本院不予支持。一审法院判决认定事实清楚，适用法律正确，程序合法，依法应予维持。

2. 工作时间前后在工作场所内，从事与工作有关的预备性或者收尾性工作受到事故伤害的

这个观点比较直观，容易理解。但是，现实中也出现过一些有争议的案例。

【2014 年广东省关联判例】

法院查明：赵某是东莞 J 电子有限公司品管部员工，平时的工作时间为 7 时 30 分至 11 时 30 分，13 时至 17 时，晚上加班时间为 18 时至 21 时。2011 年 11 月 8 日 17 时，赵某下班离开生产车间并打下班卡后，在前往食堂吃饭的过程中途经该公司 C 栋 103 宿舍门口时摔倒在地，后立即被送往东莞市光华医院治疗，2011 年 11 月 9 日被诊断为"右股骨髁上骨折"。

二审法院认为：赵某是在 2011 年 11 月 8 日 17 时，打卡离开车间前往食堂吃饭途中，不慎摔倒而发生涉案事故伤害的，虽然发生伤害时她并未结束一天的工作，但 17 时至 18 时属于她的就餐、休息时间，而不属于工作时间。东莞 J 电子有限公司为员工提供食堂用餐服务，并不

能视为该公司组织的集体活动，且根据赵某的陈述以及东莞J电子有限公司出具的《关于赵某工伤报告》，赵某是因为下雨天地面湿滑而不慎摔倒的，故她发生事故与其正常工作没有关联性或连续性，其前往食堂吃饭不属于在履行工作职责或从事与工作有关的预备性或收尾性工作，因此，赵某上诉认为其受伤具有工作原因以及食堂是其工作场所自然延伸的理由不能成立，依法不予采纳。

再审法院认为：本案事故发生在下午下班之后至晚班开始前的合理时间内。事故发生地点是公司C栋103宿舍门口，位于厂区范围，也是工作场所的合理延伸。赵某用餐后仍需上晚班，用餐为劳动者开展工作的正常生理需要，且在合理时间界限内，可视为从事与工作有关的预备性工作的一部分，符合工伤认定的条件。东莞市社会保障局认定赵某本次受伤不属于工伤，一、二审判决予以支持不妥，本院予以纠正。东莞市社会保障局，应重新依法对东莞J电子有限公司提交的《工伤认定申请表》作出处理。

3. 在工作时间和工作场所内，因履行工作职责受到暴力等意外伤害的

一家云南的企业的工厂位于山脚下，有一天上班期间，山上暴发泥石流，冲垮了工厂的围墙，导致一名员工受伤。他们认为这是自然灾害导致的，不是工作原因导致的，问我这样理解对不对？其实这名员工肯定属于工伤，因为他是在工作状态下受到伤害的；而且无论按这里的"意外伤害"观点，还是按前面的"三工"观点，这种情况都属于工伤。

门卫保安人员询问可疑来访者，被其袭击受伤，或企业领导批评员工，被员工殴打而受伤等类似情形，均属于"因履行工作职责受到暴力意外伤害"的情形。但是，司法实践中出现过不少有争议的情形，如员工下班后在外面殴打白天上班期间对其进行批评教育的领导，领导的受伤是否属于工伤？

同理，狭义理解和广义理解将导致不同的判决结果。狭义角度认为，打人行为没有发生在工作时间、工作场所内，不属于工伤；广义角度认为，下班后、在外面，属于合理的时间、地点延伸，而且打人与上班的批评教育有关，应属于工伤。

再如，同事之间因工作问题发生争吵继而互相殴打，一方受伤或双方受伤是否属于工伤？狭义角度认为，打架并不是解决工作的手段和方法，打架与工作不存在必然的关联性，所以不属于工伤；广义角度认为，如果不是在工作上发生争吵，就不会出现后面的打架行为，所以打架与工作存在关联性，受伤属于工伤。

【2012 年南京市关联判例】

法院查明：王某系原告 H 公司的叉车工，主要负责成品出货。2010年 6 月 22 日凌晨 2 点左右，王某上夜班，领班安排高某某和刘某某负责把要出的货拣出来，王某和谢某某负责把捡出的货进行整理、打包、贴标签。因高某某摆放的两排货之间的距离小，人无法进去贴上标签，王某随即开叉车将两排货移了一下位置，以方便贴上标签。高某某对此事不满，与王某言语不和，争吵起来，继而又相互厮打，高某某用拳头击打王某面部，致王某左眼球破裂。

法院认为：本案中，虽然王某在工作中与高某某由言语上的冲突，继而发生厮打，但并未有《工伤保险条例》第十六条中不得认定为工伤的情形。高某某对王某实施暴力伤害与王某履行工作职责之间有直接的因果关系。被告（指劳动部门）依据《工伤保险条例》第十四条第三项的规定，认定王某在工作中被打伤为工伤并无不当。

【2015 年中山市关联判例】

法院查明：吴某是 L 汽配部的司机，负责送货等工作。2013 年 9

月 15 日 16 时左右，吴某受公司安排与罗某某到珠海斗门区井岸镇送货，在送货途中因路线问题两人在送货汽车上发生争执，罗某某先打了吴某一拳后双方发生打斗，导致吴某受伤。

法院认为：吴某是在工作时间和工作场所内，因履行工作职责受到暴力伤害，市人社局认定吴某所受伤害为工伤，并无不当。对 L 汽配部认为吴某是因个人恩怨而与罗某某打斗的主张，法院不予支持。

4. 患职业病的

关联法条

《职业病防治法》

第三十五条　对从事接触职业病危害作业的劳动者，用人单位应当按照国务院安全生产监督管理部门、卫生行政部门的规定组织上岗前、在岗期间和离岗时的职业健康检查，并将检查结果书面告知劳动者。职业健康检查费用由用人单位承担。

用人单位不得安排未经上岗前职业健康检查的劳动者从事接触职业病危害的作业；不得安排有职业禁忌的劳动者从事其所禁忌的作业；对在职业健康检查中发现有与所从事的职业相关的健康损害的劳动者，应当调离原工作岗位，并妥善安置；对未进行离岗前职业健康检查的劳动者不得解除或者终止与其订立的劳动合同。

第五十八条　职业病病人除依法享有工伤保险外，依照有关民事法律，尚有获得赔偿权利的，有权向用人单位提出赔偿要求。

第五十九条　劳动者被诊断患有职业病，但用人单位没有依法参加工伤保险的，其医疗和生活保障由该用人单位承担。

《关于执行〈工伤保险条例〉若干问题的意见》(人社部发〔2013〕
34号)

八、曾经从事接触职业病危害作业、当时没有发现罹患职业病、离
开工作岗位后被诊断或鉴定为职业病的，符合下列条件的人员，可以自
诊断、鉴定为职业病之日起一年内申请工伤认定，社会保险行政部门应
当受理：

(一)办理退休手续后，未再从事接触职业病危害作业的退休人员；

(二)劳动或聘用合同期满后或者本人提出而解除劳动或聘用合同
后，未再从事接触职业病危害作业的人员。

《职业病范围和职业病患者处理办法的规定》(卫防字〔1987〕
第82号)

第八条　从事有害作业的职工，其所在单位必须为其建立健康档案。
变动工作单位时，事先须经当地职业病防治机构进行健康检查，其检查
材料装入健康档案。

职工到新单位后，新发现的职业病不论与现工作有无关系，其职业
病待遇由新单位负责。过去按有关规定已做处理的不再改变。

职业病包括哪些情形，请各位读者自行查阅2013年颁布的《职业病
分类和目录》。

员工如果患上了职业病，用人单位原则上要承担法律责任。我们曾经
遇到3个案例，劳动者入职新单位后被查出职业病。案例一，新单位在写
字楼办公，工作环境与工作内容均不存在职业病危害因素，但最终人民法
院认定由新单位负责。案例二，新单位确实存在矽肺职业病危害因素，劳
动者入职后半年被查出患有职业病矽肺二期；经调查，劳动者的原单位也
存在职业病矽肺危害因素，劳动者在原单位工作了几年；医学上矽肺二期
的产生有个过程，它属于慢性发作的疾病，劳动者的矽肺二期应该与原单

位的关联性更强，所以一般人会认为应该由原单位承担全部或大部分责任。但最终人民法院认定应由新单位承担全部责任。案例三，劳动者离开原单位已经 10 多年，被职业病防治院诊断为职业病，后面被劳动部门认定为工伤，而且认定原单位为工伤责任的主体。总体来说，劳动者既可让新单位负责，也可让原单位负责。

另外，职业病除了按工伤角度补偿、赔偿外，劳动者有权主张民事侵权赔偿。

我们建议：在面试时尽量了解员工以往的工作经历，以便能更准确地决定是否招用该员工；对于从事涉及职业病危害因素岗位的员工，应按《职业病防治法》的规定落实好职业病相关的防范措施及安排劳动者进行相关体检；应依法为劳动者参加社会保险，尤其是工伤保险，如果有条件可另外购买相关商业保险。

【2013 年广州市关联判例】

法院查明：上诉人温某于 1982 年入职被上诉人处工作，1997 年双方解除劳动关系。在双方劳动关系存续期间，被上诉人未为上诉人参加社会保险。离职时，被上诉人没有为上诉人做离职前的健康检查。2010 年 8 月 2 日，广东省职业病防治院，因上诉人于 1982 年至 1997 年 8 月在广州市番禺区 H 工业总公司下属企业番禺市 M 石矿场工作中接触粉尘，确诊上诉人为职业病（矽肺三期）。2011 年 12 月 22 日，广州市南沙区人力资源和社会保障局认定上诉人的情况属于工伤，工伤责任主体为被上诉人。经过广州市劳动能力鉴定委员会的初次鉴定和复查，2012 年 5 月 11 日，广州市劳动能力鉴定委员会认定上诉人的劳动功能障碍程度（伤残等级）为"叁级"，无护理等级，医疗期从 2010 年 8 月 2 日起至 2011 年 8 月 2 日止。

5. 因工外出期间，由于工作原因受到伤害或者发生事故下落不明的

关联法条

《最高人民法院关于审理工伤保险行政案件若干问题的规定》

第五条　社会保险行政部门认定下列情形为"因工外出期间"的，人民法院应予支持：

（一）职工受用人单位指派或者因工作需要在工作场所以外从事与工作职责有关的活动期间；

（二）职工受用人单位指派外出学习或者开会期间；

（三）职工因工作需要的其他外出活动期间。

职工因工外出期间从事与工作或者受用人单位指派外出学习、开会无关的个人活动受到伤害，社会保险行政部门不认定为工伤的，人民法院应予支持。

劳动者出差，在酒店休息期间受伤或死亡是否属于工伤，社会上存在一定的争议，也是狭义还是广义理解的问题。最高人民法院行政审判庭《关于职工因公外出期间死因不明应否认定工伤的答复》（〔2010〕行他字第236号）认为，职工因公外出期间死因不明，用人单位或者社会保障部门提供的证据不能排除非工作原因导致死亡的，应当依据《工伤保险条例》第十四条第五项和第十九条第二款的规定，认定为工伤。

【2015年广州市关联判例】

法院认为：《工伤保险条例》第十五条第一款第一项规定，职工在工作时间和工作岗位，突发疾病死亡或者在48小时之内经抢救无效死亡的，视同工伤。因工外出的工作时间和工作岗位具有特殊性，故劳动

者在因工外出期间从事与工作职责有关活动的时间和空间均应认定属于工作时间和工作场所。本案中，饶某系原审第三人广州 D 投资发展有限公司的员工，被派往外地出差，工作方式为工厂实际查验及回酒店整理工作材料。因此，饶某在酒店休息属于"工作时间"的延伸，是饶某因公外出工作的一部分，属于在工作岗位上从事本职工作的活动，饶某在酒店休息时突发疾病，48 小时内经抢救无效死亡，属于《工伤保险条例》第十五条第一项规定的在工作时间和工作岗位上突发疾病在 48 小时之内经抢救无效死亡的情形。原审法院判决撤销广州开发区劳动和社会保障局作出的穗萝人社工伤认〔2014〕011182 号《工伤认定决定书》并责令广州开发区劳动和社会保障局重新作出工伤认定决定的处理正确，本院予以支持。广州开发区劳动和社会保障局上诉理由不能成立，其上诉请求本院不予支持。

（注：对于本案，区人社局认定不属于工伤，行政复议市人社局予以维持，行政诉讼一审、二审均认定属于工伤。）

6. 在上下班途中，受到非本人主要责任的交通事故或者城市轨道交通、客运轮渡、火车事故伤害的

关联法条

《最高人民法院关于审理工伤保险行政案件若干问题的规定》

第六条 对社会保险行政部门认定下列情形为"上下班途中"的，人民法院应予支持：

（一）在合理时间内往返于工作地与住所地、经常居住地、单位宿舍的合理路线的上下班途中；

（二）在合理时间内往返于工作地与配偶、父母、子女居住地的合

理路线的上下班途中；

（三）从事属于日常工作生活所需要的活动，且在合理时间和合理路线的上下班途中；

（四）在合理时间内其他合理路线的上下班途中。

《关于工伤保险有关规定处理意见的函》（人社厅函〔2011〕339 号）

二、《工伤保险条例》第十四条第六项规定的"非本人主要责任"事故包括非本人主要责任的交通事故和非本人主要责任的城市轨道交通、客运轮渡和火车事故。

【2014 年泰州市关联判例】

法院认为：本案的争议焦点是宗某发生交通事故的地点是否属于合理的上班途中。《工伤保险条例》第十四条第六项规定，职工在上下班途中，受到非本人主要责任的交通事故或者城市轨道交通、客运轮渡、火车事故伤害的，应当认定为工伤。《江苏省高级人民法院关于审理劳动保障监察、工伤认定行政案件若干问题的意见》第十九条第二款规定，认定职工工伤情形中的"上下班途中"，是指职工在合理时间内往返于工作单位和居住地的合理路线。原江苏省劳动和社会保障厅《关于实施〈工伤保险条例〉若干问题的处理意见》（苏劳社医〔2005〕6 号）第十五条规定，上下班途中，应是在合理的时间经过合理的路线。上述规定均对"上下班途中"做了全面、正确、符合立法原意的规定，即"上下班途中"应为职工在合理时间内，为上下班而往返于住处和工作单位之间的不偏离正常目的的合理路径之中。在不偏离上述合理路径的原则下，职工为解决基本生活所需而经过的合理地点如中途为解决如厕的问题而多绕一点路，或为解决下班后的吃饭问题，顺便至附近的农贸市场买一些食品也均应视为合理的路径。本案中，受害人宗某工作的 F 公司位于宗某住处的东南方向，距离约 3.5 千米，宗某上班的合理路径应在宗某住处与 F 公司之间的合理范围内。宗某住处与 F 公司之间有农贸市场及卖肉的摊点，而宗某舍近求远，选择在居住地点东北方向、距离约 4.5 千米的刁铺农贸市场买菜，而刁铺农贸市场距离宗某工作的 F 公司为 4.5 千米左右，宗某当天的行程已明显偏离了合理的上班路径。宗某在距离刁铺农贸市场较近、距离工作单位较远的地点发生交通事故，显然不能认定属于合理的上班途中。泰州人社局据此作出《关于认定宗某不属于工伤和视同工伤的决定书》，事实清楚，适用法律并无不当。原审判决亦认定事实清楚，判决结果正确，本院依法予以维持。

在没有醉驾的情况下，即使劳动者在上下班途中违章驾驶，但只要其不承担主要责任，亦构成工伤；即工伤认定与是否违章驾驶无关联性，仅与交通事故责任的大小有关联性。

【2014 年长沙市关联判例】

法院认为：被上诉人长沙市人力资源和社会保障局依法具有负责本行政区域内工伤保险工作的法定职责，但其根据《工伤保险条例》第十四条第六项的规定，作出长人社工伤不予认字〔2013〕032 号《不予认定工伤决定书》，并非适用该条规定得出的必然结论。《工伤保险条例》第十四条第六项是这样规定的："职工有下列情形之一的，应当认定为工伤……（六）在上下班途中，受到非本人主要责任的交通事故或者城市轨道交通、客运轮渡、火车事故伤害的。"本案中，双方当事人对涉案职工张某某与原审第三人中国石油天然气股份有限公司湖南长沙销售分公司之间存在劳动关系并无异议，对张某某在上班途中因交通事故死亡并负同等责任的事实亦无异议。那么根据该条规定，就应当认定为工伤，而被上诉人作出明显相反的结论，令人费解。

一审法院根据最高人民法院行政审判庭〔2010〕行他字第182号《关于职工在上下班途中因无证驾驶机动车导致伤亡的，应否认定为工伤问题的答复》和〔2011〕行他字第50号《关于职工无照驾驶无证车辆在上班途中受到机动车伤害死亡能否认定工伤请示的答复》的规定，判决驳回上诉人的诉讼请求，系对该上述答复的理解有误。显然，第一个答复认为，职工在上下班途中因无证驾驶机动车、驾驶无牌机动车或者饮酒后驾驶机动车发生事故导致伤亡的，不应认定为工伤；而第二个答复则规定，在《工伤保险条例（修订）》施行前（即2011年1月1日前），工伤保险部门对职工无照或者无证驾驶车辆在上班途中受到机动车伤害死亡，不认定为工伤的，不宜认为适用法律、法规错误。上述两个答复，都是最高人民法院行政审判庭针对无证驾驶车辆在上（下）班途中受到机动车伤害死亡能否认定为工伤问题所做的答复，前者作出于2010年，而后者是2011年，且后者设定了适用条件，即仅限于《工伤保险条例（修订）》施行前，对该条例修订施行后的情形并未作出规定。故一审法院判决结果不当，应予纠正。综上，依照《行政诉讼法》第六十一条第二项之规定，判决如下：

一、撤销长沙市芙蓉区人民法院〔2013〕芙行初字第106号行政判决书；

二、撤销长沙市人力资源和社会保障局长人社工伤不予认字〔2013〕032号《不予认定工伤决定书》；

三、限长沙市人力资源和社会保障局在收到本判决书之日起60日内重新对受害职工张某某作出工伤认定决定。

7. 在工作时间和工作岗位，突发疾病死亡或者在48小时之内经抢救无效死亡的

"突发疾病"包括各类疾病。"48小时"的起算时间，以至疗机构的初

次诊断时间作为突发疾病的起算时间。但是，对于"初次诊断时间"存在争议，一种观点认为救护车到达事发现场的时间属于初次诊断时间，另一种观点认为救护车将病人送到医院的时间才算初次诊断时间。

8. 在抢险救灾等维护国家利益、公共利益活动中受到伤害的

为了单个利益见义勇为而受伤，原则上不属于工伤，除非地方有特别规定。

【2014年株洲市关联判例】

法院查明： 2013年1月20日8时许，原告张某在阳三星城做木工时，发现工友喻某某与另一工友谢某某在阳三星城工地打架斗殴，原告上前劝阻。当原告站在谢某某后面劝架时，被喻某某推倒的谢某某压倒，二人从阳三星城工地三楼掉至二楼，致原告受重伤、谢某某受轻伤。被告（指劳动部门）对原告作出了醴劳不予工伤认字〔2014〕002号《不予工伤认定决定书》。

一审法院认为： 本案争议的焦点是原告张某在工作时间和工作场所内受到伤害是否应当认定为工伤或视同工伤。《工伤保险条例》第十四条规定，职工有下列情形之一的，应当认定为工伤：（一）在工作时间和工作场所内，因工作原因受到事故伤害的；（二）在工作时间和工作场所内，因履行工作职责受到暴力等意外伤害的。第十五条规定，职工有下列情形之一的，视同工伤；（三）在抢险救灾等维护国家利益、公共利益活动中受到伤害的。本案中原告张某作为第三人的木工，其职责是服从公司管理，完成公司安排的木工工作任务，没有维护企业正常生产秩序的安全保卫之责，其劝架行为虽值得肯定和表扬，但并不是履行工作职责的行为。同时，在公司上班场所劝架亦不是维护国家利益、公共利益。被告对原告张某作出的不予认定为工伤或视同工伤的具体行政

行为证据基本确凿，适用法律、法规正确。

二审法院认为：上诉人张某与原审第三人湖南W建筑工程有限公司存在劳动关系，在该公司阳三星城项目工地从事木工工作。2013年1月20日8时许，上诉人在阳三星城项目工地工作时，工友谢某某、喻某某因材料堆放一事发生打架纠纷，上诉人上前劝阻，被喻某某推倒的谢某某压倒，二人从阳三星城工地三楼掉至二楼，致上诉人受重伤、谢某某受轻伤。材料堆放是工作问题，因材料堆放引发纠纷势必影响工作的正常进行，上诉人劝架的目的不仅在于工友间的和谐相处，也在于不影响包括上诉人本人在内的各自工作的正常开展。因此，上诉人劝架受伤是因工作原因，符合《工伤保险条例》第十四条第一项之规定，应认定为工伤。同时，劝架行为是中华民族的传统美德，是社会主义核心价值观的体现，应受到社会的肯定和褒扬。综上，被上诉人醴陵市劳动和社会保障局作出不予工伤认定的决定不妥。原审法院认定事实清楚，但适用法律、法规错误，应予纠正。

9. 职工原在军队服役，因战、因公负伤致残，已取得革命伤残军人证，到用人单位后旧伤复发的

用人单位接收此类军人，政府部门是否给予相关补贴，旧伤复发时政府部门承担哪些费用，请自行咨询当地有关部门。

10. 用人单位聘用的超过法定退休年龄的务工农民，在工作时间内、因工作原因伤亡的，按工伤处理

全国各地绝大部分劳动部门认为，达到法定退休年龄但无养老保险待遇的劳动者（俗称老人家）与用人单位不构成劳动关系，不予受理他们的

工伤申报，或者不认定他们的因工受伤属于法定的工伤；但是 2010 年最高人民法院回复给山东省高级人民法院的《关于超过法定退休年龄进城务工农民因工伤亡的，应否适用〈工伤保险条例〉请示的答复》中载明："经研究，原则同意你院的倾向性意见。即用人单位聘用的超过法定退休年龄的务工农民，在工作时间内、因工作原因伤亡的，应当适用《工伤保险条例》的有关规定进行工伤认定。"司法实践中，老人家在用人单位工作期间因工受伤，是否按工伤处理，存在比较大的争议。我们建议，**用人单位应该为老人家申报工伤，不受理或不认定的由老人家决定是否行政诉讼。**

【2014 年广州市关联判例】

法院认为：……依据上述规定，劳动者达到法定退休年龄但未开始享受基本养老保险待遇的，与用人单位仍系劳动关系。本案中，上诉人 1961 年 2 月 15 日出生，原审第三人从 2008 年 7 月开始为上诉人购买工伤保险至 2012 年 9 月。2012 年 5 月 27 日，上诉人在下班途中发生交通事故时，上诉人虽已达到法定退休年龄，但尚未开始享受基本养老保险待遇，故其与用人单位原审第三人仍系劳动关系。上诉人已依据上述规定向被上诉人提交了工伤认定申请材料，而被上诉人作出海人社工伤受〔2012〕6××号工伤认定申请不予受理决定，认为上诉人达到法定退休年龄，决定对其工伤认定的申请不予受理，与上述规定不符，依法应予撤销。一审法院判决维持被上诉人作出的上述不予受理决定处理错误，本院予以纠正。

【2015 年山东省高院关联判例】

法院认为：……但相关法律、法规并未禁止农业人员 60 周岁后，不能与用人单位建立劳动关系。徐某为 H 公司看门数年，接受 H 公司的管理，H 公司支付徐某劳动报酬，原审据此认定双方形成劳动关系正确，本院予以维持。

【2016年河北省高院关联判例】

法院认为:《最高人民法院关于审理劳动争议案件适用法律若干问题的解释(三)》(以下简称《劳动争议司法解释(三)》)第七条规定,"用人单位与其招用的已经依法享受养老保险待遇或领取退休金的人员发生用工争议,向人民法院提起诉讼的,人民法院应当按劳务关系处理。"宋某于2012年5月30日达到法定退休年龄,但L派遣中心认可在宋某被派遣期间,未给其办理基本养老保险及医疗保险。因此宋某在达到法定退休年龄后与L派遣中心之间的用工关系仍为劳动关系。

11. 法律、行政法规规定应当认定为工伤的其他情形

建议各位读者查阅一下地方相关文件(地方性法规、政府规章、高级人民法院的指导意见等),看看是否还存在其他属于工伤的情形。如《广东省工伤保险条例》规定了另外两个视同工伤的情形:因工作环境存在有毒有害物质或者在用人单位食堂就餐造成急性中毒而住院抢救治疗,并经县级以上卫生防疫部门验证的;由用人单位指派前往依法宣布为疫区的地方工作而感染疫病的。

不得认定为工伤或者视同工伤的情形

1. 故意犯罪

现行的《工伤保险条例》于 2004 年 1 月 1 日施行，于 2010 年 12 月 8 日被国务院修改，修改版于 2011 年 1 月 1 日起施行。修改后的第一个排除条件为故意犯罪，修改前为犯罪或违反治安管理规定的，因此 2011 年 1 月 1 日以后出现了员工因工作问题争吵、打架而受伤有机会被认定为工伤，只要受伤者不构成故意犯罪即可。例如，刘某与王某因工作问题争吵、打架，双方均受伤；刘某把王某打致轻伤或重伤，构成故意伤害罪，因此刘某的受伤不属于工伤；而王某把刘某打至轻微伤，不构成故意伤害罪，因此王某有机会被认定为工伤。

2. 吸毒或醉酒

劳动者在工作期间摔倒受伤，但有证据证明其近期吸毒，摔倒是毒瘾发作所致，其受伤不属于工伤。

醉酒以《车辆驾驶人员血液、呼气酒精含量阈值与检验》国家标准（GB19522—2004）作为判断标准。饮酒驾车（酒驾）和醉酒驾车（醉驾）是不一样的，驾驶人员血液中的酒精含量等于或大于 20 毫克／100 毫升、小于 80 毫克／100 毫升的属于酒驾，含量等于或大于 80 毫克／100 毫升的属于醉驾。如果司机在工作中酒驾，发生交通事故，不管其承担什么责任，其受伤都属于工伤；因为司机在工作中驾车，适用的是"在工作时间、工作场所内，因工作原因受到事故伤害"之条款，而不适用"上下班途中"之条款。如果其在工作中醉驾，对交通事故承担次要责任，那么其受伤就不属于工伤；如果其不承担任何责任，那么其受伤属于工伤。

【2014 年北京市关联判例】

　　法院查明：2012 年 11 月 2 日 6 时 30 分，陈某驾驶原告所有的小型普通客车（车牌号京 PU0×××）去 BGS 交货途中与李某停放在路边的中型厢式货车（车牌号京 G56×××）相撞，陈某死亡。2012 年 11 月 29 日，北京市顺义区法医院司法鉴定所作出尸体法医学鉴定，鉴定意见为："1. 陈某经尸表检验符合交通事故致急性创伤性失血性休克死亡；2. 结合案情及检验情况，陈某身体所受损，驾驶员位置可以形成，前侧受力可以形成。"2012 年 12 月 12 日，北京市公安局顺义分局交通支队出具道路交通事故认定书，认定陈某血液检材中酒精含量为 72.50 毫克 / 100 毫克，属于饮酒后驾驶小型普通客车，确定陈某为全部责任。

　　法院认为：因第三人（死者父亲）在工伤认定过程中提交的证据完全能够证实陈某系驾驶原告所有的车辆去 BGS 交货途中发生事故死亡，其情形符合《工伤保险条例》第十四条第一项的规定且不存在醉酒等不得认定为工伤或者视同工伤的情形，故被告认定陈某为工伤的事实清楚，适用法律正确。

【2016 年北京市关联判例】

　　法院认为：……可以认定交通事故发生时，尚某处于上下班途中。对于发生交通事故时，尚某处于醉酒状态一事，因北京市公安局公安交通管理局昌平交通支队认定尚某醉酒后驾驶非机动车是违法行为，与交通事故的发生没有因果关系；瞿某承担事故全部责任，尚某无责任，所以，在工伤认定中，昌平人社局排除《工伤保险条例》第十六条第二项醉酒规定的适用并无不当。关于 F 医院提出的尚某醉酒说明其出门目的不是上班的上诉意见，没有证据支持，本院不予采纳。关于 F 医院提出的尚某发生交通事故的地点，不能说明其具有上班目的的上诉意见，本院认为，尚某发生交通事故的地点，处于 F 医院与尚某的居住地之间，且在合理的上下班路线范围内，故 F 医院的该项上诉意见，本院不予采纳。综上，F 医院请求撤销昌平人社局作出《认定工伤决定书》的诉讼请求，缺乏事实及法律依据，不应予以支持。

3. 自残或自杀

过去几年，出现过一些劳动者在工作期间自残进而敲诈勒索的案例。当中一部分按工伤处理，因为用人单位无法证明其自残；一部分不按工伤处理，因为用人单位提供了录像视频证据证明其自残；另一部分则被以敲诈勒索罪追究刑事责任。

员工自杀，原则上有政府部门介入，因此这个举证相对简单一点。但是，员工不管在企业内部自杀，还是在外面自杀，家属大多会与企业谈判，或多或少让企业赔款。员工自杀，部分地方规定认为属于非因工死亡的范围，用人单位应支付相应的抚恤待遇，请各位读者自行查阅地方是否存在这方面的规定。

停保后社保部门还会理赔吗

例如，工伤员工严重违纪违规，按《劳动合同法》第三十九条、第四十二条的规定，用人单位可以无条件解雇；解雇后，用人单位原则上会停止参保。再如，劳动者离职后，在职期间基于工作受的伤才显露出来，然后个人自行申报工伤，被认定为工伤，但单位早已为其停保。这些情况下，社保部门还会理赔报销吗？事实上，停保后社保部门不予支付一次性伤残补助金、医疗补助金及报销医疗费用。

其实，社保部门的做法在法理上未必成立。根据保险的原理可知，发生保险理赔事故时处于保险合同关系的，保险机构有义务理赔，而不论日后的保险合同关系是否解除或仍然存续。

> **【2013年烟台市关联判例】**
> 法院认为：被告以原告与原单位烟台 K 公司解除劳动关系时，烟台 K 公司欠缴相应的社会保险且未补缴为由，认为不应支付原告一次性医疗补助金的工伤保险待遇，但原用人单位烟台 K 公司为原告缴纳社会保险至 2010 年 9 月，这点原告与被告均认可，即 2010 年 6 月原告发生工伤事故系在工伤保险关系存在期间，原告发生工伤事故时并不存在《工伤保险条例》第六十二条第二款、第三款和《山东省贯彻〈工伤保险条例〉实施办法》第二十九条规定的欠缴、补缴的情形，因此被告以原告解除劳动合同时，欠缴且未补缴社会保险为由，拒绝支付原告一次性医疗补助金的工伤保险待遇的主张于法无据，本院依法不予支持。综上所述，被告烟台市 ×× 区社会医疗保险事业处依法应履行支付原告一次性伤残补助金和一次性医疗补助金的工伤保险待遇的

法定职责。据此，根据《行政诉讼法》第五十四条第三项的规定，判决如下：被告烟台市××区社会医疗保险事业处在本判决生效后30日内依法履行支付原告一次性伤残补助金和一次性医疗补助金的法定职责。

工伤赔偿和解协议

1. 案例分析

【案情】

2017 年 1 月，某企业员工小张在工作期间不小心被机器设备压伤，两个脚趾头粉碎性骨折。由于没有为小张缴纳社会保险，企业决定不申报工伤。数月后，小张与企业协商工伤赔偿事宜，未果；随即小张申请劳动仲裁。开庭前，双方私下达成和解协议，约定：（1）双方劳动关系于 2017 年 8 月 31 日解除；（2）离职前的医疗费用由甲方全部负责；（3）甲方于 8 月 31 日前一次性支付乙方 15 万元；（4）离职后发生的与工伤有关的一切费用由乙方自行承担；（5）日后任何时候乙方都不得再要求甲方向其赔偿、补偿或支付任何的款项，乙方不向任何国家机关主张权利或投诉；（6）乙方立即撤诉。但是，小张收到赔偿款后，自行申报工伤及申请劳动能力鉴定。

【分析】

这种协议是否合法，存在一定的争议。如北京市高级人民法院认为：用人单位与劳动者就工伤保险待遇达成的协议中，双方约定的给付标准低于法定标准，且已实际履行，如劳动者在仲裁时效内要求用人单位按法定标准补足差额部分，劳动仲裁委或人民法院应当予以支持。而浙江省高级人民法院认为：用人单位与劳动者协商或经调解组织调解，就工伤待遇、加班工资、经济补偿金等达成和解或调解协议后，劳动者以数额过低要求用人单位补足差额的，不予支持；但劳动者有证据证明协议的签订存在受胁迫、欺诈而违背自己的真实意思表示或协议内容显失公平等情形的除外。

2. 可能被推翻的情形

司法实践中，出现过不少推翻此类协议的判例。经研究，出现下列 3 种情形之一的，此类协议将可能（不是绝对）被推翻：（1）签署协议时劳动者未进行伤残等级鉴定，其无法预测自己应得的全部补偿费用是多少，部分法官认为协议上的补偿金额并非劳动者的真实意思表示；（2）签署协议时劳动者的伤势严重，部分法官认为劳动者基于生存、治病疗伤及养家糊口的需要不得不签署此协议，用人单位属于乘人之危；（3）补偿金额远远低于法定标准（如低于法定标准的 2/3 或 1/2），部分法官认为显失公平。在操作中约定的补偿金额与法定标准的差距不应过于明显，另外用人单位应保留证据证明劳动者自愿、真实与用人单位协商谈判，即使存在一定差额，劳动者也表示自愿放弃。

【2014 年遵义市关联判例】

法院认为：本案争议焦点是双方签订的《赔偿协议》第二条应否撤销。双方当事人签订的《赔偿协议》并非普通商事有偿合同，而是针对人身损害赔偿达成的具有特定身份关系的民事赔偿协议，因此从被侵权人角度出发，评价协议是否显失公平，关键看协议约定的赔偿项目是否周全、赔偿金额是否至少达到与法定赔偿标准大体相当的水平，而不能仅以订立合同时双方当事人的主观意愿作为评判标准。从一审认定的赔偿项目及金额看，协议约定的赔偿金额与法定标准相差甚远，加之《赔偿协议》是在王某未做工伤鉴定的情况下签订的，明显缺乏公平缔约的事实基础，故该协议第二条关于赔偿金额及项目的约定因显失公平而应予撤销。

【2014年中山市关联判例】

法院认为：S公司与张某签订的工伤事故赔偿协议书，是双方的真实意思表示。该办议书第一条约定双方确认S公司支付张某医疗费、护理费、交通费共计80890.7元，不违反法律、行政法规的强制性规定，原审法院予以确认。张某向原审法院主张护理费、交通费，原审法院不予支持。该协议书第二条约定S公司支付张某康复治疗费、解除劳动关系及工伤待遇共计20000元。因该条约定过分低于张某依照法律规定应获得的工伤保险待遇，违反了公平合理原则，显失公平，故原审法院对该协议书中的第二条约定予以撤销。该协议书第四条约定双方签订协议后，劳动关系即终止；第五条约定张某再以任何理由要求S公司支付费用的，应支付一次性补助金的20%作为违约金（20000×20%）。因中山市劳动能力鉴定委员会确认张某的停工留薪期为140天（即至2013年1月25日止），停工留薪期间，并未解除劳动合同，故第四条、第五条约定损害了张某的合法权益，与法律规定相悖，应予撤销。

因第三人造成的工伤事故

因第三人造成的工伤事故，也会经常发生。例如，单位司机开车时发生交通事故，对方车辆承担全部责任，这时对方需承担民事赔偿责任，单位需承担工伤责任。再如，劳动者受单位委派到客户处办事，在客户处被掉下来的天花板砸伤，客户需承担民事赔偿责任，单位需承担工伤责任。当然，司法实践中，对于客观费用，劳动者原则上只能向其中一方索偿，而不能双重获得；对于与身体伤残有关的"工伤三金"及人身损害的赔偿金则可以双重获得。

现实中，社保部门的做法基本上是必须在第三方承担完民事赔偿责任，社保部门才会报销工伤医疗费用及支付一次性伤残补助金、一次性医疗补助金。这个做法原则上不成立。最高人民法院的相关文件有如下规定：

（1）因用人单位以外的第三人侵权造成劳动者人身损害，赔偿权利人请求第三人承担民事赔偿责任的，人民法院应予支持；

（2）根据《安全生产法》第四十八条以及《关于审理人身损害赔偿案件适用法律若干问题的解释》第十二条的规定，因第三人造成工伤的职工或其近亲属，从第三人处获得民事赔偿后，可以按照《工伤保险条例》第三十七条的规定，向工伤保险机构申请工伤保险待遇补偿；

（3）职工因第三人的原因受到伤害，社会保险行政部门以职工或者其近亲属已经对第三人提起民事诉讼或者获得民事赔偿为由，作出不予受理工伤认定申请或者不予认定工伤决定的，人民法院不予支持；

（4）职工因第三人的原因受到伤害，社会保险行政部门已经作出工伤认定，职工或者其近亲属未对第三人提起民事诉讼或者尚未获得民事赔偿，起诉要求社会保险经办机构支付工伤保险待遇的，人民法院应予支持；

（5）职工因第三人的原因导致工伤，社会保险经办机构以职工或者其近亲属已经对第三人提起民事诉讼为由，拒绝支付工伤保险待遇的，人民法院不予支持，但第三人已经支付的医疗费用除外。

【2014年鸡西市关联判例】

法院认为：关于上诉人S市医疗保险管理局所称法律适用问题。首先，上诉人认为一审法院应当依据《社会保险法》第四十二条的规定"由于第三人的原因造成工伤，第三人不支付工伤医疗费用或者无法确定第三人的，由工伤保险基金先行支付后，有权向第三人追偿"。同时依据《社会保险基金先行支付暂行办法》第五条二项的规定"对于个人所在用人单位已经依法缴纳工伤保险费，在认定工伤之前基本医疗保险基金无先行支付的，社会保险经办机构应当用工伤保险基金先行支付工伤医疗费用"。《社会保险法》第四十二条的规定所说的是第三人不支付工伤医疗费用，用工伤保险基金先行支付。该法规定由工伤保险基金先行支付医疗费用的前提是第三人不支付工伤医疗费用或者无法确定第三人的情况，并且仅限定于医疗费用，不包括全部工伤保险待遇，又根据《社会保险法》第三十六条的规定"职工因工作原因受到事故伤害或者患职业病，且经工伤认定的，享受工伤保险待遇；其中，经劳动能力鉴定丧失劳动能力的，享受伤残待遇"。因此，在行政机关已经作出工伤认定后，本案优先适用的法律依据应当是《工伤保险条例》第三十九条，上诉人的该点上诉理由不能成立。其次，《社会保险基金先行支付暂行办法》第五条二项的规定，更加明确了先行支付的条件，即在认定工伤之前基本医疗保险基金无先行支付的，社会保险经办机构应当用工伤保险基金先行支付工伤医疗费用，也就是说适用该条的前提条件是在作出工伤认定之前。本案中，被上诉人曹某的丈夫在下班途中因交通事故死亡，S市人力资源和社会保障局已经作出了工伤认定决定书，也就不存在上诉人所主张的先行支付工伤医疗费用问题。综上所述，上诉人 S 市医疗保险管理局的上诉理由不能成立，应当依法驳回；被上诉人及其委托代理人的答辩意见成立，本院予以支持。一审判决认定事实清楚，适用法律、法规正确，应当予以维持。

【2015 年中山市关联判例】

法院认为：本案为工伤保险待遇纠纷。劳动者工伤由第三人侵权所致，第三人已承担侵权赔偿责任，劳动者或者其近亲属又请求用人单位支付工伤保险待遇的，用人单位所承担的工伤保险责任应扣除医疗费、辅助器具费。本案中，杜某某在广东省中山市第二人民法院〔2013〕中二法民四初字第 549 号案中，因承担同等责任获得医疗费和后续治疗费赔偿 33980.6 元[（医疗费 7961.2 元＋后续治疗费 60000 元）×50％]，杜某某未能提供证据证明其所支出的医疗费、辅助器具费超过了 33980.6 元，所以杜某某要求 W 公司一次性支付安装假牙以及假牙的维修、更换等所有后续费用共计 27845.17 元的主张理据不足，本院依法不予支持。

工伤事故处理中的其他必要提醒

1. 地方规定

每个省份、直辖市都有与工伤有关的政策法规文件，所以用人单位在预防和处理工伤事故时，务必同时查阅、研究国家及地方的政策法规。

2. 停工留薪期的护理费问题

《工伤保险条例》规定，停工留薪期需要护理的，由所在单位负责；但没规定如何负责。如地方有规定的从其规定；如无规定，则参照当地医院护工的收费标准；如果是由家属照顾劳动者的，则支付其合理的误工费。对于家属的误工费，员工应提交家属所在单位出具的证明、银行流水或者原始的财务签收单复印件，因为单独出具收入证明未必真实，这个要求建议在制度中规定。

3. 一至四级伤残者的参保问题

《工伤保险条例》规定，职工因工致残被鉴定为一至四级伤残的，由用人单位和职工个人以伤残津贴为基数，缴纳基本医疗保险费。对于其他险种，条例没有提到。没有提到不代表不用交。按照社保法等相关规定，劳动关系存续期间应依法参加社会保险，即五险均需参加。

4. 到外地就医的交通费、食宿费问题

有些工伤员工在单位所在地的医院治疗一段时间后，便回老家治疗与休

息。按《工伤保险条例》的规定，员工到外地就医，需要原医疗机构证明且报社保经办机构同意才行。用人单位应该在内部制度规定："如果个人未经批准自行到其他医疗机构治病疗伤，一切费用及后果由本人负责，与单位无关。"另外，操作时用人单位应及时发函催告其必须立即回到指定的医疗机构治疗，否则一切费用及后果由本人负责。

5. 残疾辅助器具的费用问题

员工原则上都想使用进口的东西，而劳动部门原则上按国产普通标准支付相关费用，因此用人单位必须在内部制度规定："未经批准，擅自使用超出国家规定标准的残疾辅助器具所产生的额外费用，由本人全部承担。"

十二、其他重大疑难问题

用人单位败诉的原因主要有哪些

从表面上看，用人单位劳动争议案件败诉的原因五花八门，但本质上离不开以下几点原因。

1. 用人单位违法侵权，且被查证属实

仲裁机构或人民法院查明用人单位实施违法行为，损害劳动者的合法权益，裁判用人单位承担法律责任；当然，劳动者的诉求应在法定时效期间内。例如，用人单位拒绝安排劳动者休年假，将承担支付 2 倍或 3 倍工资的赔偿责任。

2. 用人单位违法侵权，但未被查证属实

如客观上用人单位安排劳动者加班，但未支付加班费或安排补休；发生争议时，用人单位否认一切，并且劳动者也无充分证据证明存在加班一事，那么劳动者的加班费诉求未必成立，即单位未必败诉。

3. 用人单位合法操作，但未被查证属实

在劳动争议中，不少环节要求举证责任倒置，即用人单位应主动举证证明合法操作了，否则推定违法侵权。例如，是否足额及时支付劳动报酬，应由用人单位举证证明，否则推定其未及时足额支付劳动报酬。

4. 劳动者存在过错，且被查证属实，但内部制度不合法

如果劳动者存在过错，且被查证属实，但内部制度不合法，那么用人单位依据内部制度处分或者解雇劳动者，将被认定为违法，需承担相应法律责任。

5. 劳动者存在过错，但未被查证属实

劳动者存在过错，但未被查证属实，那么用人单位处分或者解雇劳动者，将被认定违法。

总体来说，对于法律规定应该给予劳动者的福利待遇、权益、权利，用人单位应依法给予，否则存在法律风险，日后被查证属实的将承担法律责任。对于不胜任工作和有违纪问题员工的调岗、调薪、处分与解雇，用人单位应提供充分的事实证据及合法的制度依据，否则也存在法律风险。

小心你的陈述、证据自相矛盾

关联法条

《劳动合同法》

第四十三条　用人单位单方解除劳动合同，应当事先将理由通知工会。用人单位违反法律、行政法规规定或者劳动合同约定的，工会有权要求用人单位纠正。用人单位应当研究工会的意见，并将处理结果书面通知工会。

《最高人民法院关于审理劳动争议案件适用法律若干问题的解释（四）》（法释〔2013〕4号）

第十二条　建立了工会组织的用人单位解除劳动合同符合劳动合同法第三十九条、第四十条规定，但未按照劳动合同法第四十三条规定事先通知工会，劳动者以用人单位违法解除劳动合同为由请求用人单位支付赔偿金的，人民法院应予支持，但起诉前用人单位已经补正有关程序的除外。

【2017年上海市关联判例】

法院查明：一审庭审中，针对解约是否通知工会一节，A公司称"没有通知工会""公司没有成立工会"。庭审后，A公司称公司于2003年成立工会，解约时已由人事部门确认，并报工会备案。

法院认为：本案中A公司在一审法院庭审中明确表示公司解除劳动合同没有通知工会，并称公司不存在工会，对此由庭审笔录可证实。虽A公司称一审委托代理人系外聘人员，不熟悉公司情况，然根据A公司出具的委托书，反映两位委托人系公司人事经理及法务，二人共同参与庭审,且在庭审中作了肯定回答,并非要求庭后核实,故 A 公司该意见,本院不予采纳。A 公司在一审庭审中未提供已告知工会的相应依据,A 公司是在一审庭审结束后提交了工会意见,然该表中仅有工会盖章,无相关人员签字及具体日期,不排除 A 公司后补工会意见的可能,且 A 公司提交工会意见的时间与相关规定不符,故一审法院认定 A 公司解除张某劳动合同不符合程序规定并无不妥。A 公司称其解除劳动合同合法的意见,本院不予采纳。

【分析】

用人单位单方解除劳动合同,应事先通知工会,是一个常识性问题;《劳动合同法》第四十三条写得非常明确,大家可以查看。另外,根据最高法院的司法解释,在起诉前补正这个程序即可。本案中,代理人不管是内部管理者还是外聘人士,很明显都是不合格的!

【2014年广州市关联判例】

法院认为:本案属劳动争议纠纷案。诉讼中,原告称被告在试用期内经考核不符合录用条件,由原告解除劳动合同。原告提交的相关证据均为原告公司有关人员填写,并无被告的签名确认。上述证据不足以证实原告的上述主张。同时,仲裁期间,原告称系被告自动离职,原告并未解除双方劳动合同。原告关于双方劳动合同的解除及原因相互矛盾。且原告于诉讼中主张其在试用期内以被告不符合录用条件为由解除劳动合同缺乏足够的事实依据,本院不予采信。双方当事人均未能提供充分的证据证明被告的离职原因,视为原告提出经双方协商一致解除劳动合同,依据《劳动合同法》第四十六条与第四十七条等规定,原告应向被告支付解除劳动合同的经济补偿金 1091.93 元。

【2014 年北京市关联判例】

法院认为：一审法院判决认定，2013 年 2 月 20 日，H 公司以李某"试用期内岗位不胜任即不合格"为由书面通知其于 2013 年 2 月 23 日终止劳动合同，导致双方劳动合同于 2013 年 2 月 23 日解除。H 公司应就其解除劳动合同的合法性举证证明。根据双方签订的劳动合同，2013 年 1 月 28 日李某试用期满，依法同一用人单位与同一劳动者只能约定一次试用期，H 公司延长李某试用期的行为不合法，因此 2013 年 2 月 20 日李某应视为已经转正。H 公司仍以试用期不合格为由与其解除劳动合同，不符合法律规定。现 H 公司又提出李某虚报学历、上班经常迟到、旷工现象严重等问题作为解除劳动合同的理由，对此一审法院认为，首先，H 公司在《解除劳动合同通知书》中并未写明此等理由，一审法院无法认定其据此与李某解除劳动合同；其次，H 公司作为用人单位应在与员工签订劳动合同前对其学历进行基本的审核，其在李某工作的 3 个月中并未提出其学历问题，一审法院无法采信其系受欺诈而导致违背真实意思与李某签订劳动合同。因此 H 公司与李某解除劳动合同不符合法律规定，应支付其违法解除劳动合同的赔偿金 15669 元。

领取裁决书、判决书的技巧

领取裁决书、判决书的策略一

【案情】

2008 年广州某公司在北京招用了王某，双方签订了劳动合同，王某在该公司驻北京某商场的专卖店上班。2009 年 6 月，王某离职，随后在北京当地申请劳动仲裁。该公司为此花费大量的人力、财力与精力应诉。2009 年 9 月 1 日早上，劳动仲裁机构作出裁决，双方输赢比例各 50%。9 月 1 日，该公司经办人员即时飞往广州，在广州当地一审法院提起诉讼，法院受理了该案件。9 月 2 日，在北京的王某也向北京当地一审法院提起诉讼，法院也受理了该案仵。数天后，王某收到广州地区法院的传票，该公司也收到北京地区法院的传票。随后，该公司经办人员同时向广州地区法院和北京地区法院提出，要求北京地区法院的案件移送到广州地区的法院处理。1 个月后，北京的案件移送到广州地区的法院一并审理。为此，身在北京的王某花费了大量的精力与财力应诉，王某心有余力不足，最终不得不接受该公司的调解。

【分析】

根据《劳动争议调解仲裁法》和《最高人民法院关于审理劳动争议案件适用法律若干问题的解释》的规定，劳动争议案件可以在用人单位所在地或者劳动合同履行地的劳动仲裁机构或人民法院处理。

同时，根据《最高人民法院关于审理劳动争议案件适用法律若干问题的解释》第九条"当事人双方就同一仲裁裁决分别向有管辖权的人民法院起诉的，后受理的人民法院应当将案件移送给先受理的人民法院"的规定，北京的案件应该移送到广州地区的法院合并审理。

该公司以最快的速度抢先一步向广州地区的法院提起诉讼，令王某在北京起诉的案件不得不移送到广州法院。

【操作要点】

对于异地处理的案件，用人单位必须比劳动者提前领取裁决书，赶在劳动者前面去本地法院立案。

领取裁决书、判决书的策略二

【案情】

2009 年广州某公司在广州招用了张某，双方签订了劳动合同，张某的工作地点在广州。2010 年 3 月，张某离职，随后在广州某区申请劳动仲裁，追讨相关款项 50000 多元，该公司立即应诉。2010 年 6 月 1 日早上，劳动仲裁机构作出裁决，公司应支付张某 20000 元；双方当日均领取仲裁结果。经专业顾问分析，该案结果合理合法，公司表示想尽快了解该纠纷，便通知张某：公司同意执行仲裁结果，希望张某不起诉。

6 月 21 日，公司接到法院通知，被告知张某已在 6 月 16 日下午 4 点到法院立案起诉。公司领导非常气愤，但是公司的起诉期限已过，无法起诉，公司只能聘请专业人士应诉。开庭当天，公司的经办人员准时到达法庭，法庭里面书记员已经准备就绪；但是张某未到庭，法官也未到庭，半个小时过去了，张某仍未到庭。公司的经办人员向书记员提出，请求转告法院恳请裁定张某按撤诉处理。这时，法官出现，称张某刚办理完撤诉手续，双方签收裁定书后，仲裁结果即时生效，请公司尽快执行仲裁结果。

【分析】

根据《劳动争议调解仲裁法》和《民事诉讼法》的规定，当事人对仲裁结果不认可的，可以自收到仲裁结果之日起 15 天内向有管辖权的一审法院提起诉讼。这意味着，15 天内未起诉的，将丧失起诉权，同时视为该方当事人接受仲裁结果。

如果张某不起诉，而公司起诉，那么不管案件结果如何，张某获赔最高金额也是劳动仲裁裁决的金额，而不可能高于仲裁裁决的金额，因为张某不起诉，就等于接受了仲裁裁决的金额。同理，如果公司不起诉，而张某起诉，公司赔偿的金额最低也不低于仲裁裁决的金额，因为公司不起诉就等于接受了仲裁裁决的赔偿金额。

可以看出，张某是接受仲裁结果的，只是担心自己不起诉而公司起诉，自己将处于不利局面，所以张某在最后一天起诉，经过一段时间后确认公司没有起诉，张某才撤诉，这时就可以执行仲裁结果。

作为企业方，应尽量迟于劳动者去领取仲裁结果，这样企业起诉的最后期限随之会迟于劳动者的最后起诉期限，企业就可以提前知道劳动者是否会起诉，从而决定自己是否起诉。

【2013 年广州市关联判例】

法院认为： 本案属于劳动争议。根据《最高人民法院关于审理劳动争议案件适用法律若干问题的解释》第八条规定，劳动争议案件由用人单位所在地或者劳动合同履行地的基层人民法院管辖。据此，用人单位所在地或者劳动合同履行地的基层人民法院对本案均有管辖权。根据《民事诉讼法》第三十五条的规定，两个以上人民法院都有管辖权的诉讼，原告可以向其中一个人民法院起诉；原告向两个以上有管辖权的人民法院起诉的，由最先立案的人民法院管辖。本案中，汕头市 Y 妇幼用品有限公司作为用人单位，其因不服穗劳人仲案〔2013〕209 号仲裁裁决向其住所地的基层人民法院即汕头市潮南区人民法院提起诉讼，该案已于 2013 年 6 月 8 日立案受理。现陆某就同一纠纷于 2013 年 6 月 20 日向原审法院起诉。鉴于汕头市潮南区人民法院对本案亦有管辖权，且已立案在先，故本案依法应移送汕头市潮南区人民法院审理。上诉人认为《最高人民法院关于审理劳动争议案件适用法律若干问题的解释》第八条确立了"劳动合同履行地优先管辖"的原则，是其对该司法解释的误解，依据不足，本院不予采纳。至于《劳动争议调解仲裁法》第二十一条第二款的规定，只适用于劳动争议仲裁委员会管辖的情形，并不直接适用于人民法院管辖民事纠纷的情形。综上，原审裁定并无不当，本院予以维持。

【2014年杭州市关联判例】

法院认为：劳动争议案件由用人单位所在地或者劳动合同履行地的基层人民法院管辖。当事人双方就同一仲裁裁决分别向有管辖权的人民法院起诉的，后受理的人民法院应当将案件移送给先受理的人民法院。本案中，杭州经济技术开发区人民法院受理本案的时间为2014年1月20日，广州市天河区人民法院受理案件的时间为2014年1月21日。杭州M制药有限公司住所地为杭州市杭州经济技术开发区文海北路××号，杭州经济技术开发区人民法院对本案具有管辖权，且杭州经济技术开发区人民法院作为先受理法院对本案具有管辖权。上诉人秦某上诉要求将本案移广州市天河区人民法院管辖的理由不能成立，本院不予支持。

用工单位第一天使用劳务派遣工的风险

【案情】

自 2017 年 3 月起，某劳务公司与某工厂签订劳务派遣合作合同，由劳务公司派遣生产工到该工厂，工厂每月支付费用给劳务公司，劳务公司负责生产工的工资、社保。合作期间，劳务公司的招聘能力有限，于是双方口头协商一致，工厂可自行招聘生产工，劳务公司安排客服人员每周五的下午到工厂为新入职人员办理入职手续。5 月的某个周二，工厂招聘了 3 名生产工，周三正式上班，周四下午下班途中生产工小王被汽车撞伤，小王要求按工伤处理。

【分析】

现实中，劳务公司原则上会否认小王是他们派遣到工厂的劳务派遣工，而工厂亦很难举证证明小王是劳务派遣工，因此法官原则上会认定小王与工厂存在事实劳动关系。

劳务派遣用工模式，最安全的做法是劳务派遣工到劳务公司办妥相关入职手续，再到用工单位工作；同时，在劳务派遣工上班的第一天，用工单位必须持有劳务派遣工与劳务公司建立劳动关系的充分证据，如劳动合同原件、派遣报到通知书（均需劳务公司盖章、劳务派遣工签名），这意味着用工单位与劳务公司合作时，需在合作合同上充分约定劳务公司与劳务派遣工需给用工单位提交的证据资料。

无法按前述建议操作的，用工单位可以在敲定应聘者时，把应聘者的信息发给劳务公司，让劳务公司通过电子邮件或特快专递回复予以确认他们的身份及关系所属。例如，今天用工单位敲定了应聘者小陈，口头说好了明天上班，那么今天用工单位应把小陈的信息发给劳务公司，让劳务公司马上发出特快专递（派遣报到通知书）；第二天上班时让小陈签名确认其身份为劳务派遣工，其与某劳务公司存在劳动关系；第二天中午，特快专递会到达用工单位，使用工单位的风险存续期间被控制在第一天的上午，而不是几天。

需要注意的是，**劳务公司与劳务派遣工是否持有证据证明两者之间的关系并不重要，重要的是用工单位是否持有这方面的证据，如持有，则风险低。**

劳务派遣用工模式面临的主要风险

1. 难以节省用工成本

同工同酬的要求意味着工资报酬难以节省；是否同福利，法律上存在争议，即使允许不同福利，但不同福利肯定会影响劳务派遣工工作的积极性、责任心，二作效率低下、工作绩效不理想。

《劳务派遣暂行规定》规定，劳务公司必须在劳务派遣工的工作地参加社保，即劳务派遣工与用工单位内部合同工适用的社保政策是一样的；按照《中华人民共和国社会保险法》的规定，社保基数为劳动者的工资总额，而同工同酬意味着两种劳动者的工资总额是一样的，因此合法操作时，两者的社保成本是一样的。

在住房公积金方面，也许能节省一些成本。假设劳务公司注册在三线城市，用工单位注册在一线城市；如果三线城市的地方政府没有强制企业为员工缴纳住房公积金，那么住房公积金方面的成本是有机会节省的。

在服务费方面，劳务派遣或社保代理，需按人头支付服务费，这是一笔可观的额外费用。有些人说，选择劳务派遣或社保代理，用工单位可以减少HR人数，可以摆脱事务性工作的烦扰。从多年的实践来看，我认为，在企业内部从事这种事务性工作的HR文员，大专毕业、有两年工作经验即可胜任，这些工作无需资深的HR人士操心；HR文员的人工成本不会很高，而且未必高于劳务派遣或社保代理的服务费。曾经有家企业，将1000名员工的社保委托某劳务公司代为缴纳，每人每月的服务费为40元，一年的服务费为48万元；劳务公司委派两名中专毕业的客服人员负责跟进，这两名员工的年度人工成本每人不超过8万元。如果该企业直接招用两名大专生，年度人工成本每人可以不超过 10 万元，而且他们平时还可以协助人力资源部从事其他工作。

2. 难以解决人员编制问题

《劳务派遣暂行规定》规定，用工单位应当严格控制劳务派遣用工的数量，使用的被派遣劳动者数量不得超过其用工总量的 10%；用工总量是指用工单位订立劳动合同人数与使用的被派遣劳动者人数之和。此文件出台前，不少企业使用的劳务派遣工人数占其用工总量的 50% 左右。此文件的出台，使存在用人编制的国企与外企纷纷改为业务外包模式。

3. 难以规避法律风险

法律、法规规定在某些情况下，劳务公司与用工单位须对劳务派遣工的劳动权益承担连带责任。司法实践中，判决两个单位承担连带责任的案件非常多。另外，劳务公司在合作前会充分预测潜在的法律风险；如果用工单位要求劳务公司承担全部或大部分法律风险与赔偿责任，劳务公司会提高服务费的标准；如果用工单位给出的服务费比较低，劳务公司只会接受不承担法律风险的合作模式。所以，用工单位很难通过劳务派遣模式规避法律风险。

【2015 年佛山市关联法律】

法院认为：关于 A 钢构公司是否承担连带责任的问题。根据 C 劳务公司、A 钢构公司提供的劳务派遣协议书、黄某与 C 劳务公司签订的劳动合同的事实以及劳动合同的约定内容，本院确认 C 劳务公司、A 钢构公司与黄某之间成立劳务派遣关系。因安恒铁塔公司作为用工单位对黄某以劳务派遣的形式连续用工已超过 6 个月，根据《劳动合同法》第六十六条、第九十二条的规定，A 钢构公司应对黄某主张的违法解除劳动合同的赔偿金和 2014 年 12 月的工资差额承担连带赔偿责任。

4. 很难退回劳务派遣工

关联法条

《劳务派遣暂行规定》

第十二条　有下列情形之一的，用工单位可以将被派遣劳动者退回劳务派遣单位：

（一）用工单位有劳动合同法第四十条第三项、第四十一条规定情形的；

（二）用工单位被依法宣告破产、吊销营业执照、责令关闭、撤销、决定提前解散或者经营期限届满不再继续经营的；

（三）劳务派遣协议期满终止的。

第十三条　被派遣劳动者有劳动合同法第四十二条规定情形的，在派遣期限届满前，用工单位不得依据本规定第十二条第一款第一项规定将被派遣劳动者退回劳务派遣单位；派遣期限届满的，应当延续至相应情形消失时方可退回。

第二十四条规定："用工单位违反本规定退回被派遣劳动者的，按照劳动合同法第九十二条第二款规定执行。"

《劳动合同法》

第六十五条　被派遣劳动者有本法第三十九条和第四十条第一项、第二项规定情形的，用工单位可以将劳动者退回劳务派遣单位，劳务派遣单位依照本法有关规定，可以与劳动者解除劳动合同。

第九十二条第二款规定："劳务派遣单位、用工单位违反本法有关劳务派遣规定的，由劳动行政部门责令限期改正；逾期不改正的，以每人五千元以上一万元以下的标准处以罚款，对劳务派遣单位，吊销其劳务派遣业务经营许可证。用工单位给被派遣劳动者造成损害的，劳务派遣单位与用工单位承担连带赔偿责任。"

根据上述规定，只有出现法定情形，用工单位才能将劳务派遣工退回劳务公司，不能随心所欲地退回。用工单位若构成违法退回，极可能对此引发的后果承担连带责任。具体退回情形请研读上述条款，不再赘述。

【2015年广州市关联判例】

法院认为：……首先，F快递公司提交的证据不足以证明张某是涉案违禁品快件的收取人。因此，F快递公司以张某收取违禁品违反公司管理规章制度为由将其退回、N公司以同样的理由解除与张某的劳动合同关系均缺乏依据，属于违法解除。其次，关于赔偿金责任承担问题。根据《劳动合同法》第九十二条第二款"……用工单位给被派遣劳动者造成损害的，劳务派遣单位与用工单位承担连带赔偿责任"的规定，本案中，由于F快递公司导致张某被违法解除，故原审法院判令F快递公司和N公司依法承担相应责任、支付解除劳动合同赔偿金的处理结果并无不当，本院予以维持。

5. 超出社保待遇的费用和法定成本由谁承担

发生工伤事故，超出报销范围的医疗费及一次性就业补助金由哪个单位负责，其他的法律风险及赔偿费用由哪个单位负责，双方应该在合作合同中明确约定，以避免日后互相扯皮、推卸责任。不过，合作前劳务公司会充分评估该项目的风险、利润。如果约定法律风险及赔偿费用由劳务公司负责，那么劳务公司会提出较高的人头服务费；如果用工单位压低人头服务费，那么劳务公司会要求用工单位承担一部分或全部的法律风险及赔偿费用。

业务外包与劳务派遣的本质区别

《劳动合同法》

第九十四条 个人承包经营违反本法规定招用劳动者，给劳动者造成损害的，发包的组织与个人承包经营者承担连带赔偿责任。

《劳务派遣暂行规定》

第二十七条 用人单位以承揽、外包等名义，按劳务派遣用工形式使用劳动者的，按照本规定处理。

实务中，从以下几个方面判断两者的区别。

1. 需要使用多少个劳动者的决定权

需要使用多少个劳动者由甲方（服务需求方）决定的为劳务派遣；由乙方（服务提供方）决定的则为业务外包。

2. 对劳动者工作过程的管控

甲方对劳动者的工作过程进行直接管理、指挥与考核的为劳务派遣（乙方只管人不管事）；由乙方直接管理、指挥、考核的则为业务外包（乙方既管人又管事）。

3. 生产工具的提供

甲方提供生产工具（非原材料）的为劳务派遣；乙方提供生产工具的

则为业务外包。

4. 费用的结算

按劳动者的人数结算的为劳务派遣；按业务的完成情况（如数量、质量）结算的则为业务外包。

在劳动法律责任方面，劳务派遣模式中，甲方（用工单位）承担连带责任的概率比较大；业务外包中，甲方（发包方）无须承担连带责任，最多承担工伤事故中的第三方侵权责任。

需注意的是，**业务外包中的承包方，应为合法的组织、机构；**如果承包方为个人，按照《劳动合同法》第九十四条的规定，发包方的法律风险会非常大。

按照《劳务派遣暂行规定》第二十七条的规定，表面上双方签订了业务外包的合作合同，但是本质上符合劳务派遣特征的，将极可能被认定为劳务派遣合作模式，甲方将面临连带责任的风险。

【2015年常德市关联判例】

法院认为：郑某认为，郑某与L公司、常德M厂属劳务派遣用工合同关系。常德M厂认为，常德M厂与L公司是劳务外包，即承揽合同关系。劳务派遣是指劳动者和用人单位签订劳动合同，实际上为用工单位工作。劳务派遣受劳动法律、法规调整，而劳动法律、法规调整的是劳动者与用人单位之间的关系。承揽合同是以完成一定的工作成果为标的，其标的物具有特定性。承揽人的工作具有独立性，承揽人以自己的设备、技术、劳力等完成工作任务。根据常德M厂与L公司签订的劳务外包合同的约定：由L公司自行组织完成所承揽的常德M厂"人工选叶及配套工序、外租仓库原烟仓储、打叶复烤配套、生产车间的现场卫生与地面清洁、叉车外包等业务。"其合同约定的内容符合承揽合同的法律特征。在本案中，签订劳动合同的是郑某与L公司。郑某的工作由L公司安排，日常管理、考核、奖惩均由L公司负责，即郑某是劳动者，L公司是用人单位。《劳动合同法》第七条明确规定"用人单位自用工之日起即与劳动者建立劳动关系"。综上可见，L公司与常德M厂之间系承揽合同法律关系，郑某与L公司系劳动法律关系，郑某与常德M厂既不是劳动关系，也不是劳务派遣法律关系。